AF259494

Lunar Day Plannner
2022

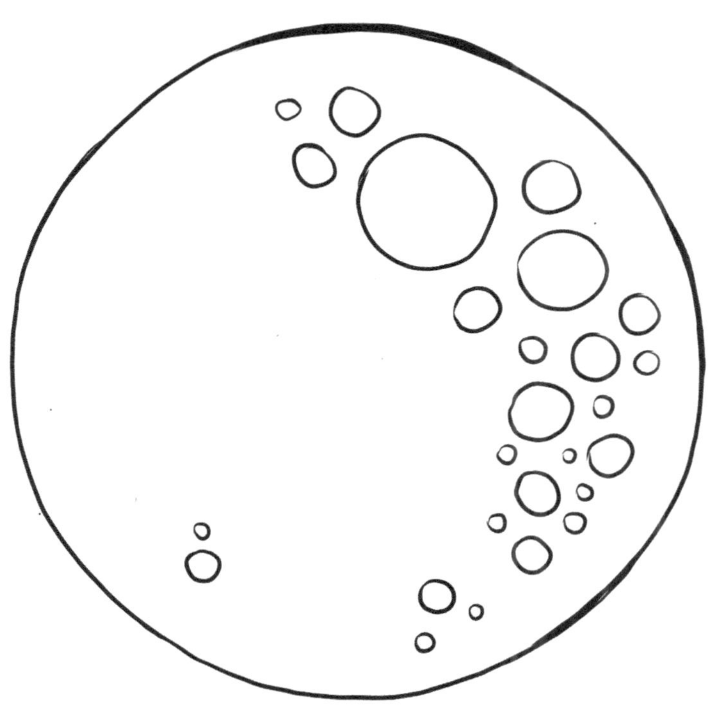

By
Mara J. Reynolds

to

the

moon

&

back

Lunar Day Planner 2022 First Edition

Copyright © Mara J. Reynolds

December, 2021 | Milwaukie, Oregon

A Flower For All Reasons Press

A Flower For All Reasons, LLC

all rights reserved

www.LunarDayPlanner.com

www.AFlowerForAllReasons.com

www.MaraJReynolds.com

@aflowerforallreasons | @lunar.dayplanner

This project seeks to honor the human tradition of keeping time by the moon as a basic yet fundamental tool. Any implied or perceived reference to specific traditions, cultures or esoterica beyond this is not intended. Feedback is welcome.

Lunations noted according to Pacific Standard Time.

2022

Lunations

January 2-31

February 1-March 1

March 2-31

April 1-April 29

April 30-May 29

May 30-June 28

June 29-July 27

July 28-August 26

August 27-September 24

September 25-October 24

October 25-November 22

December 23-January 20, 2023

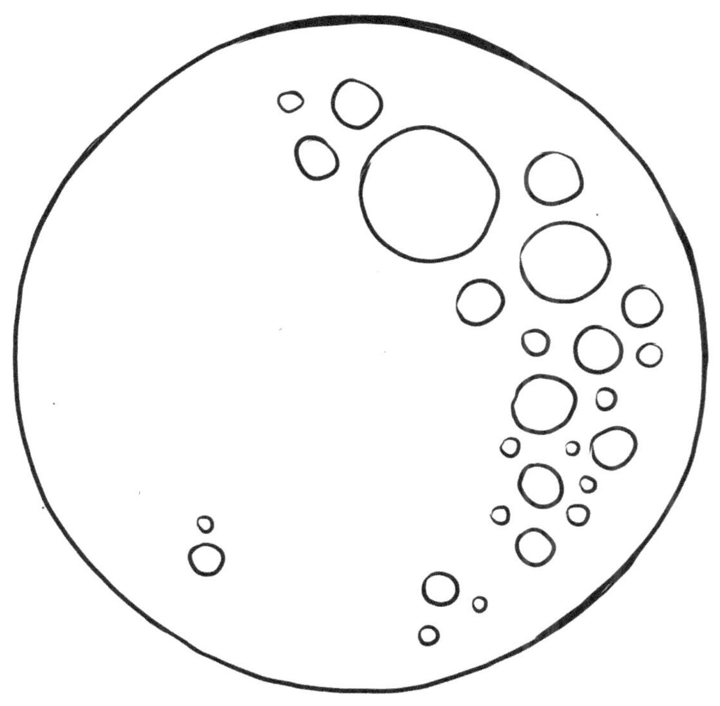

January 2-31

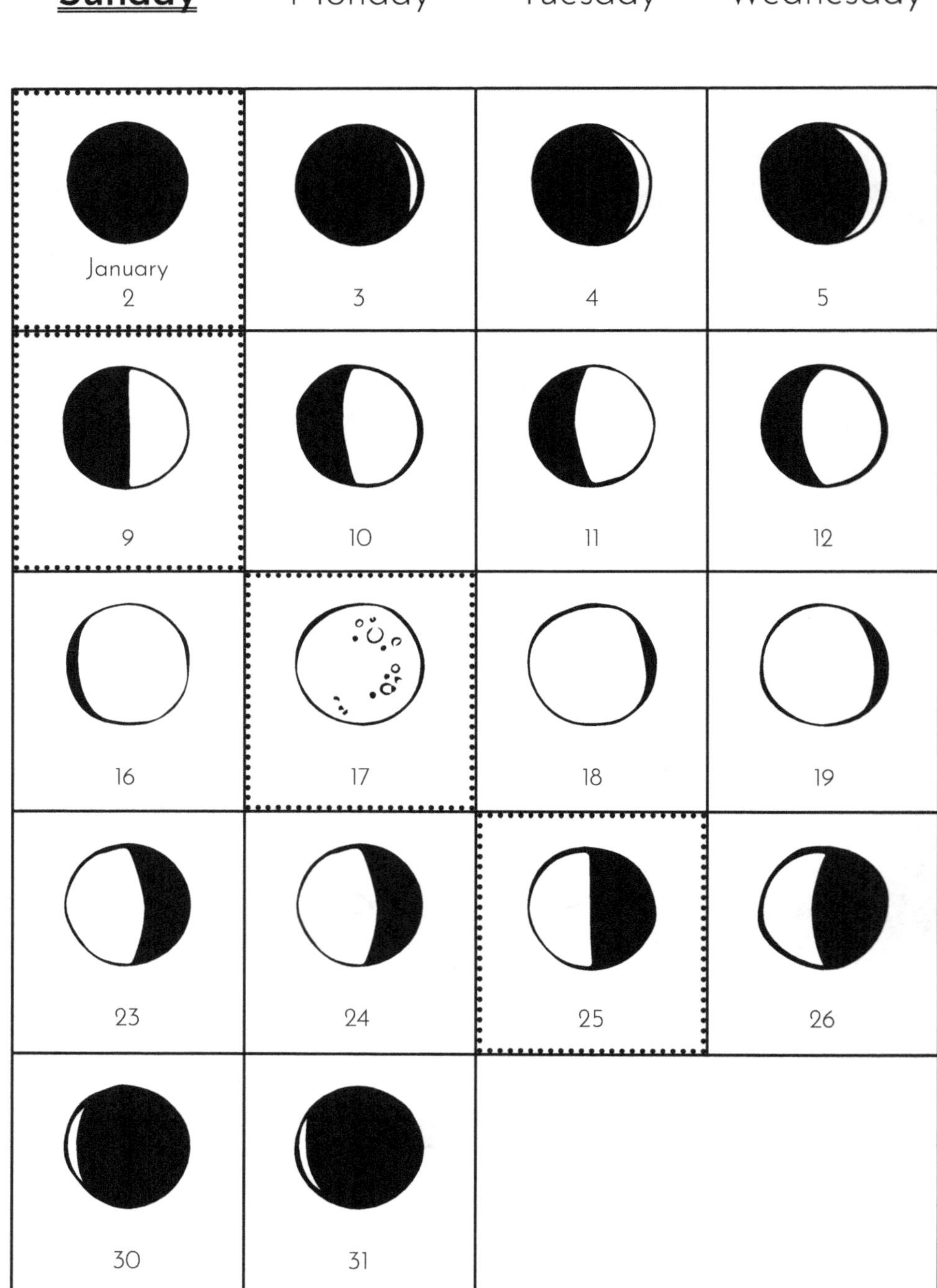
January
2
3
4
5
9
10
11
12
16
17
18
19
23
24
25
26
30
31

Thursday	Friday	**Saturday**
 6	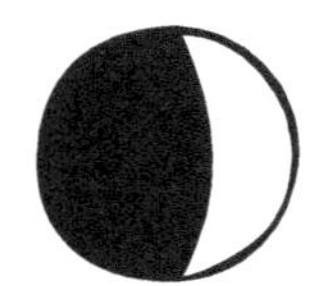 7	 8
 13	 14	 15
 20	 21	 22
 27	 28	 29

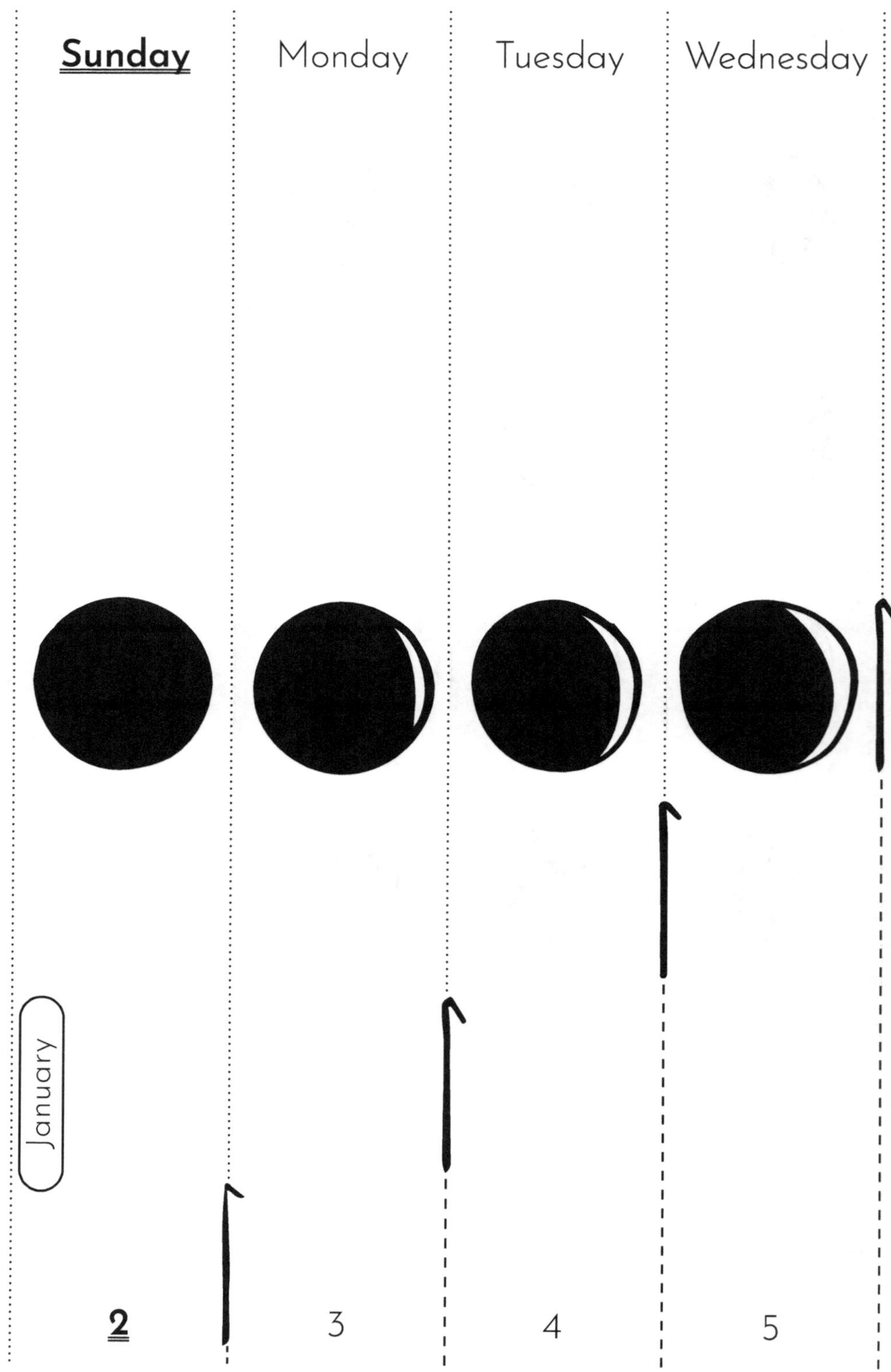

Sunday
Monday
Tuesday
Wednesday
January
2
3
4
5

Thursday

Friday

<u>Saturday</u>

<u>8</u>

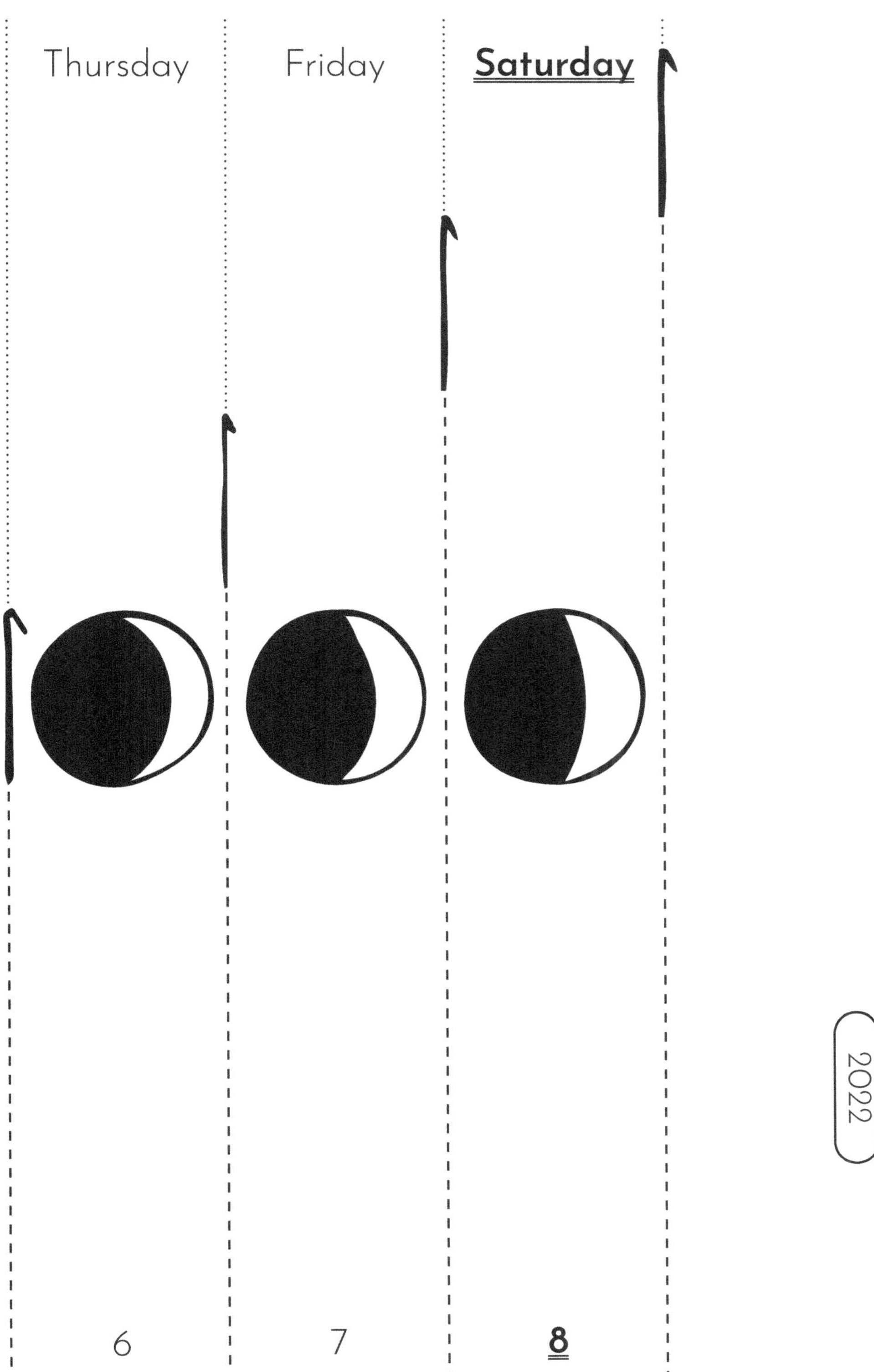

6

7

<u>8</u>

2022

Sunday

| **Sunday** | Monday | Tuesday | Wednesday |

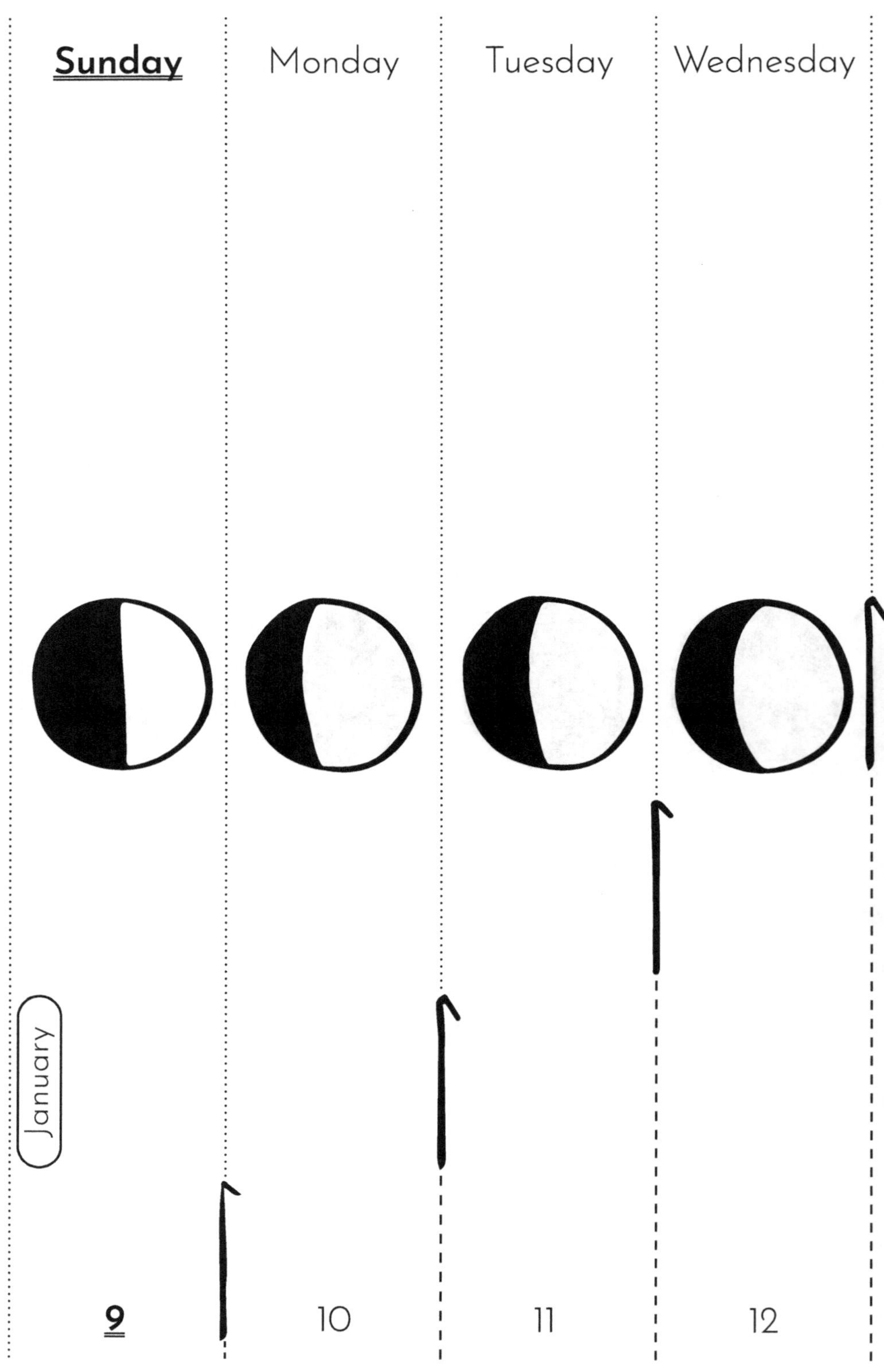

January

9 | 10 | 11 | 12

Thursday	Friday	<u>**Saturday**</u>	<u>**Sunday**</u>
13	14	<u>**15**</u>	<u>**16**</u>

2022

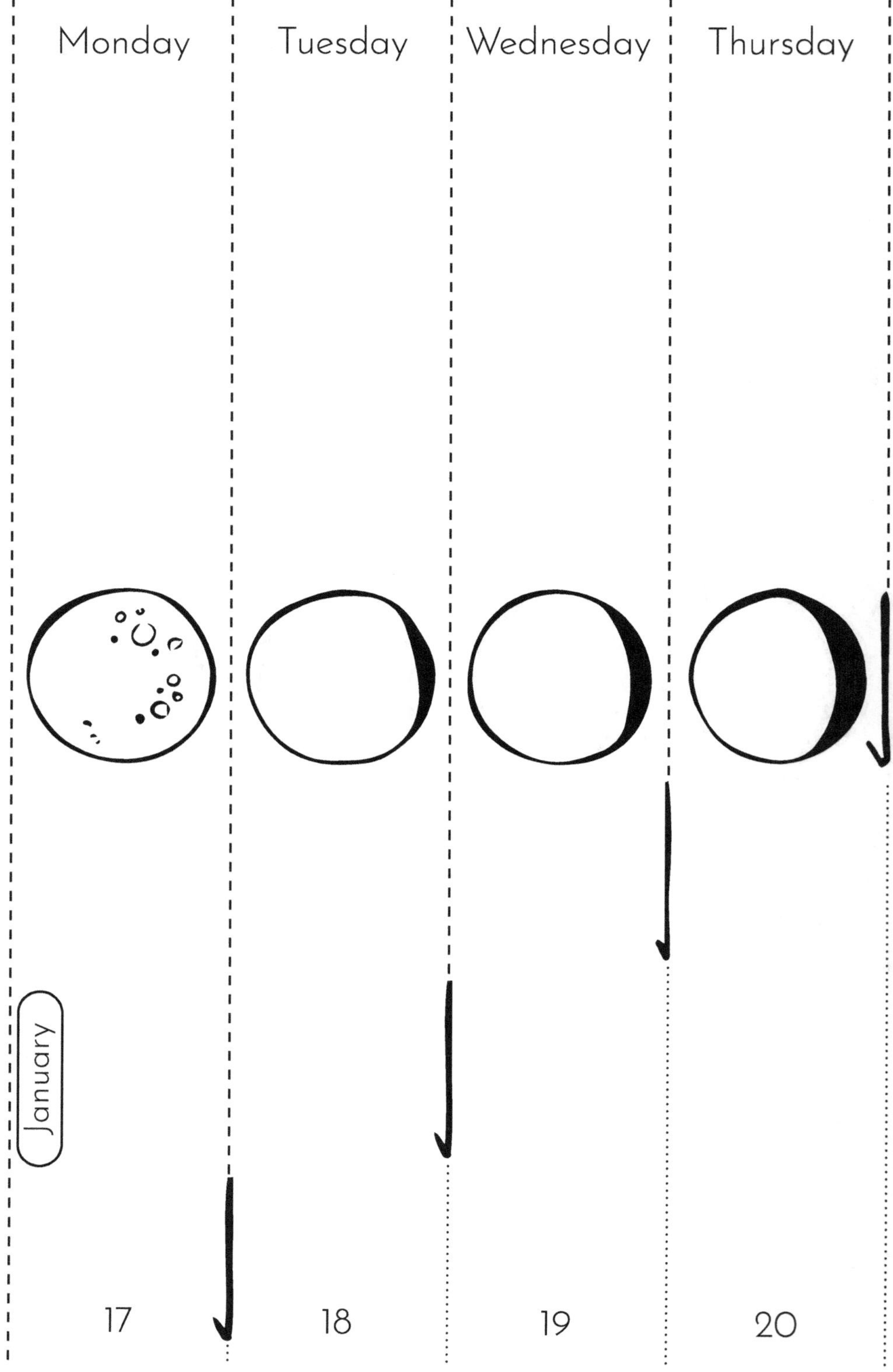

Monday
Tuesday
Wednesday
Thursday
January
17
18
19
20

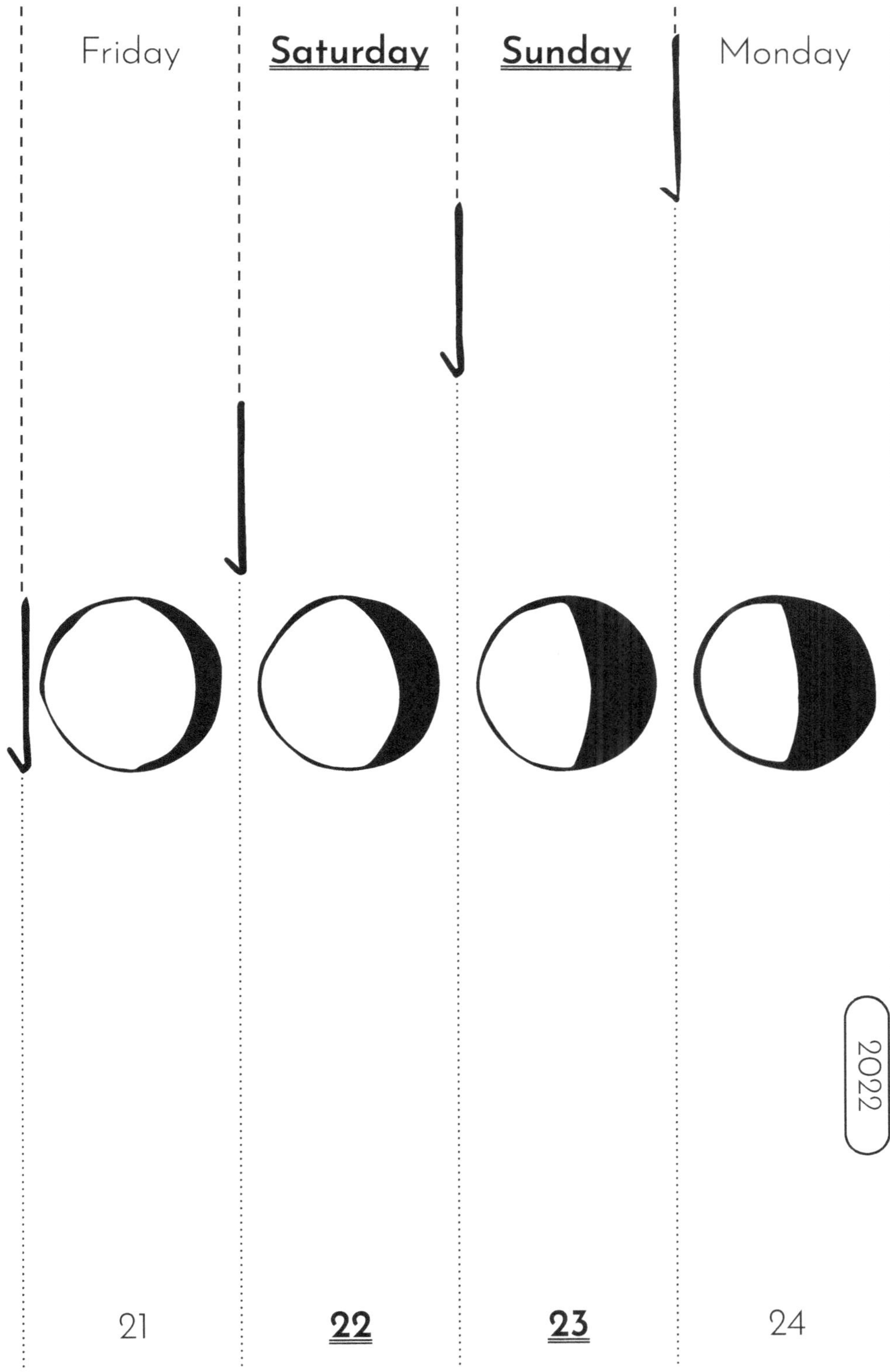

Friday	**Saturday**	**Sunday**	Monday
21	**22**	**23**	24

2022

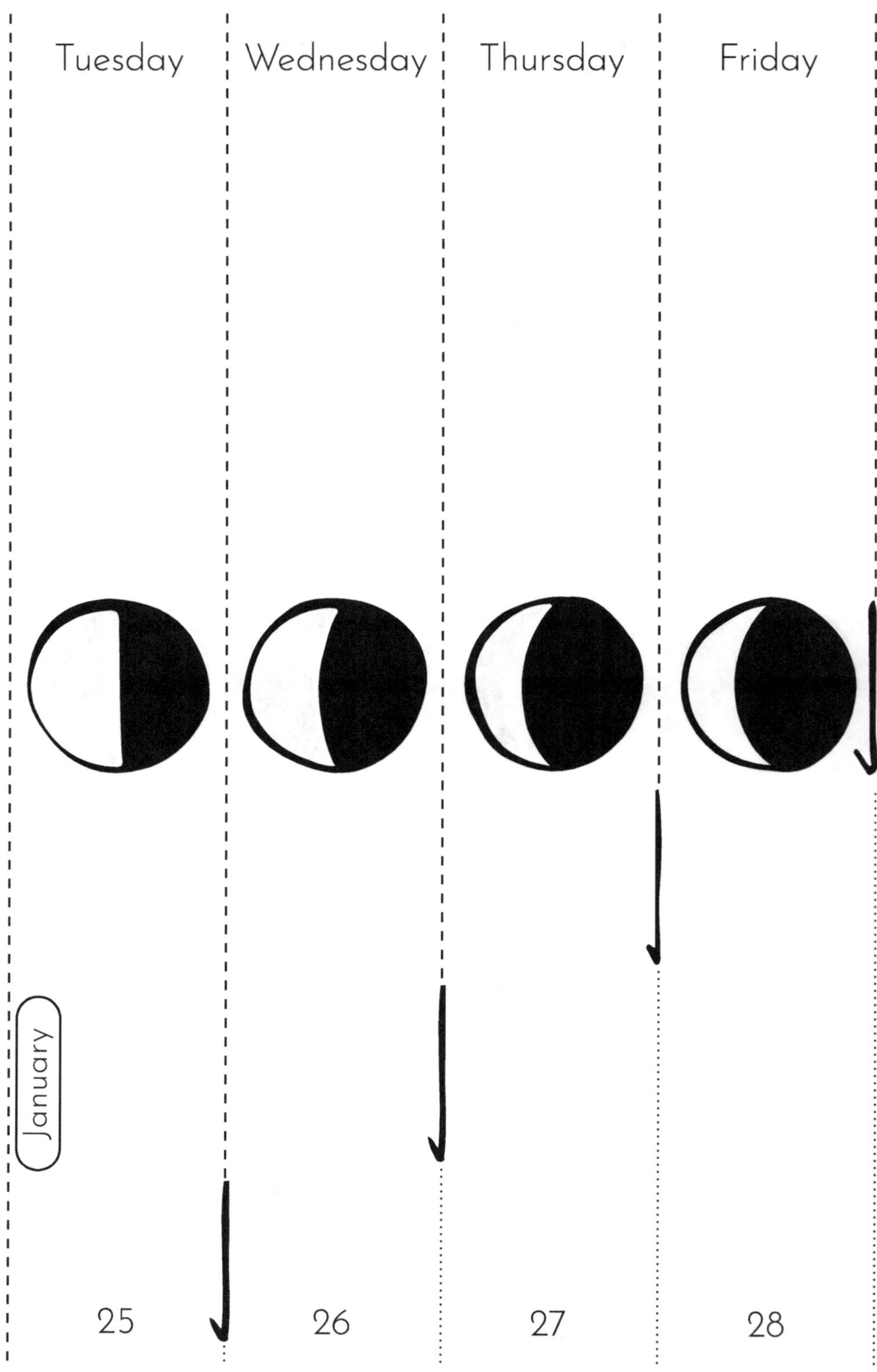

Tuesday
Wednesday
Thursday
Friday
January
25
26
27
28

Saturday

Sunday

Monday

29

30

31

2022

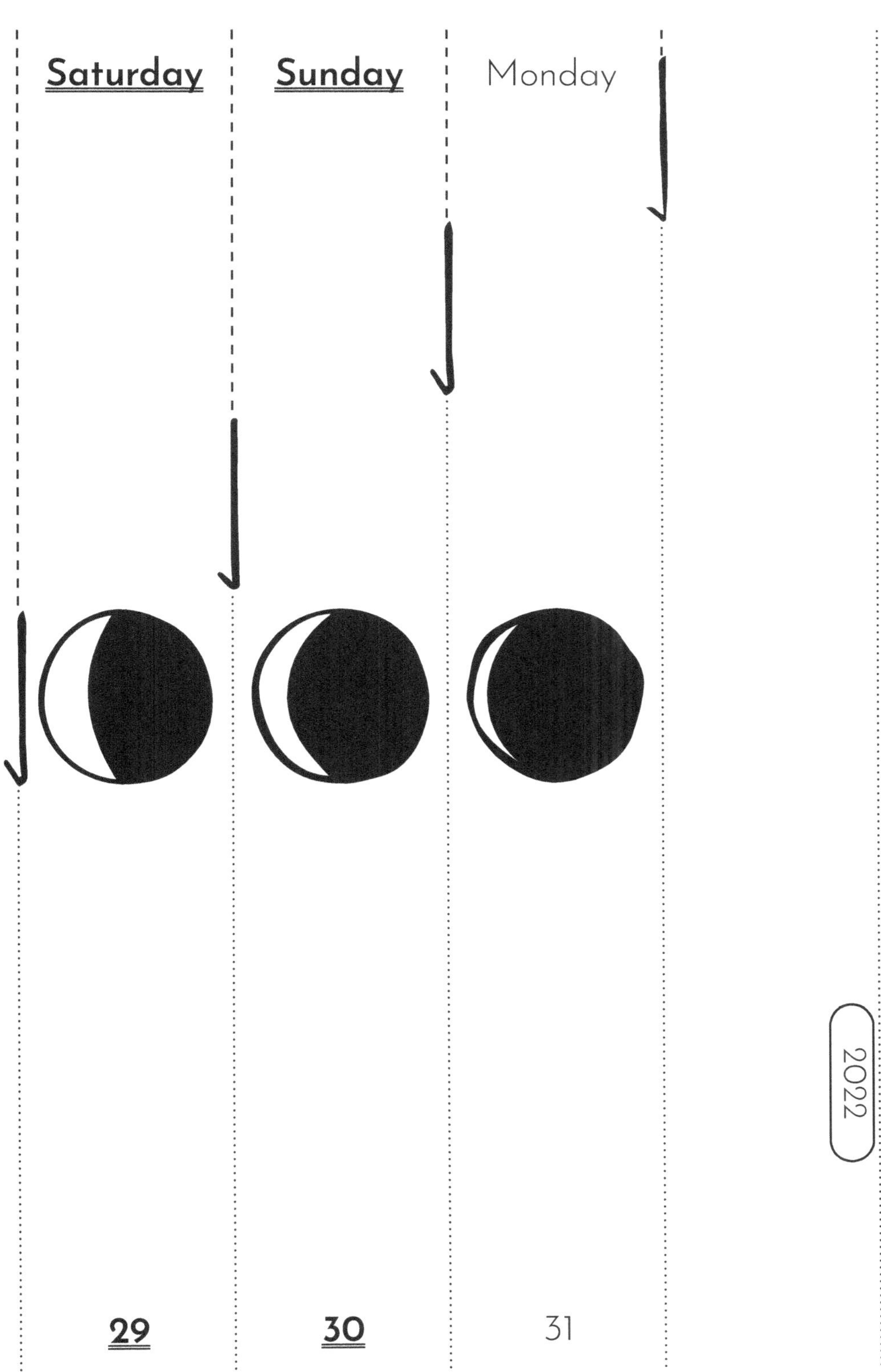

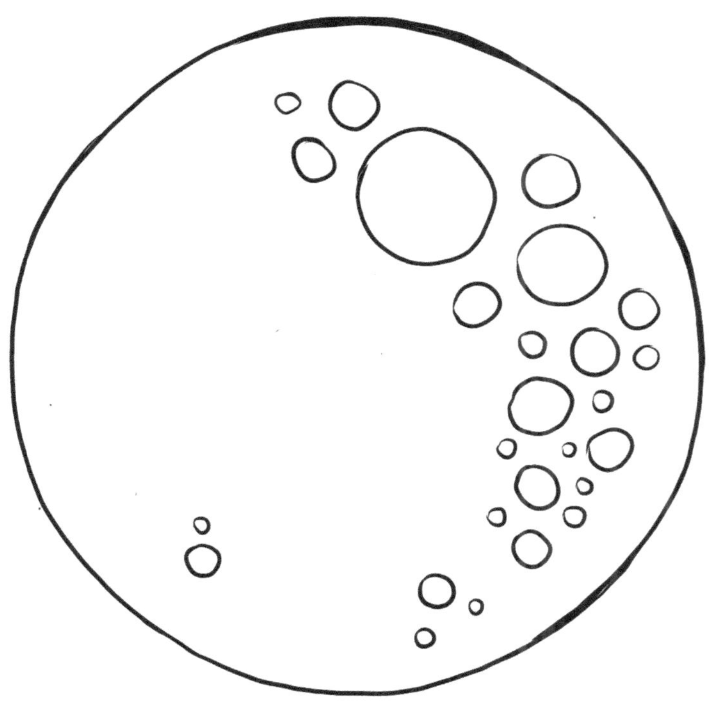

February 1-March 1

<u>**Sunday**</u>	Monday	Tuesday	Wednesday
		February 1	2
6	7	8	9
13	14	15	16
20	21	22	23
27	28	March 1	

Thursday	Friday	**Saturday**
3	 4	 5
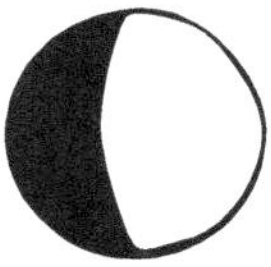 10	 11	 12
 17	 18	 19
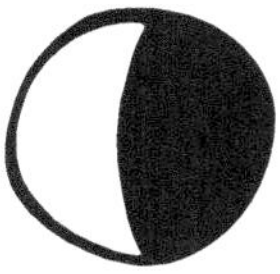 24	 25	 26

Tuesday	Wednesday	Thursday	Friday

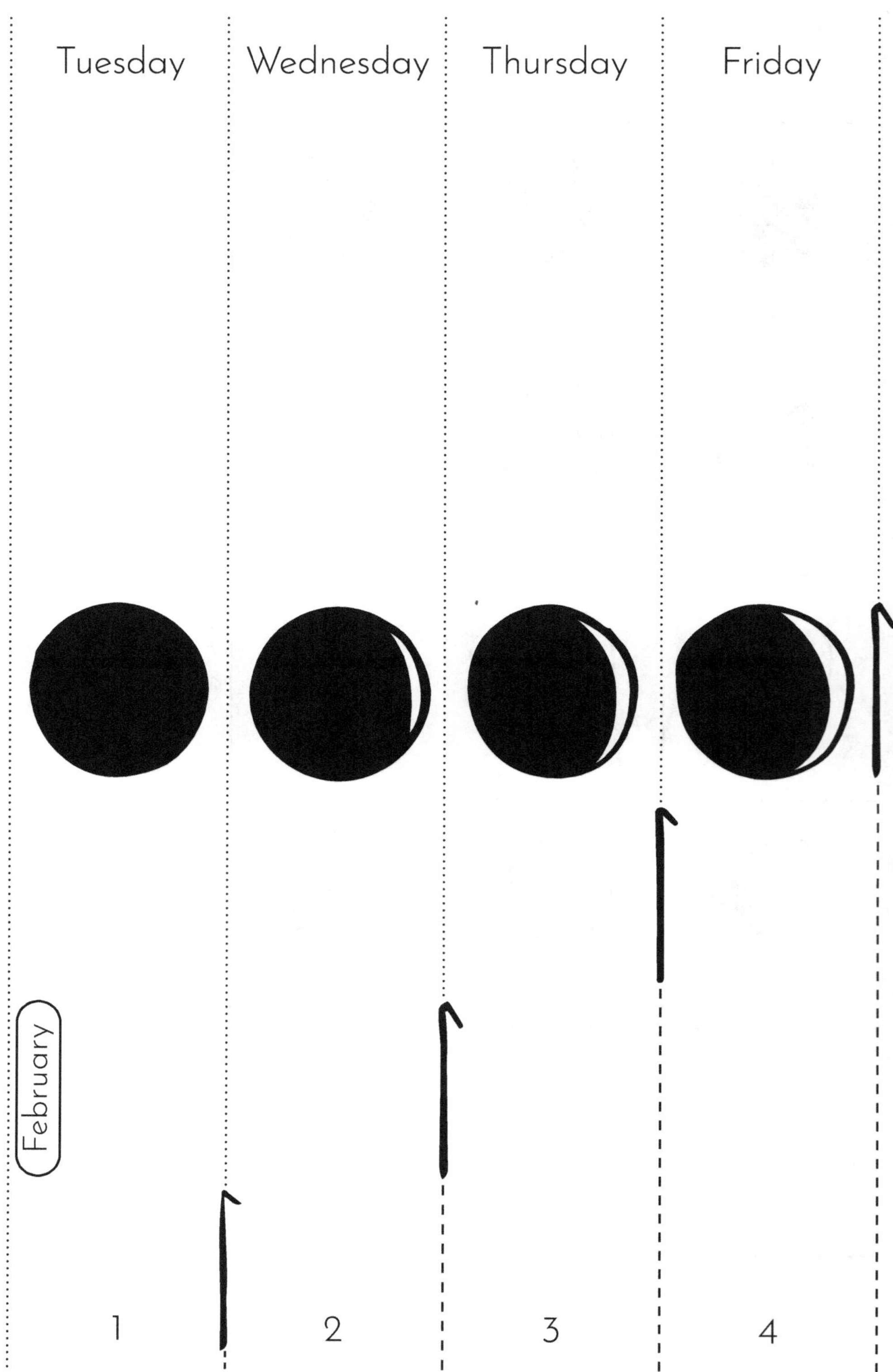

February

| 1 | 2 | 3 | 4 |

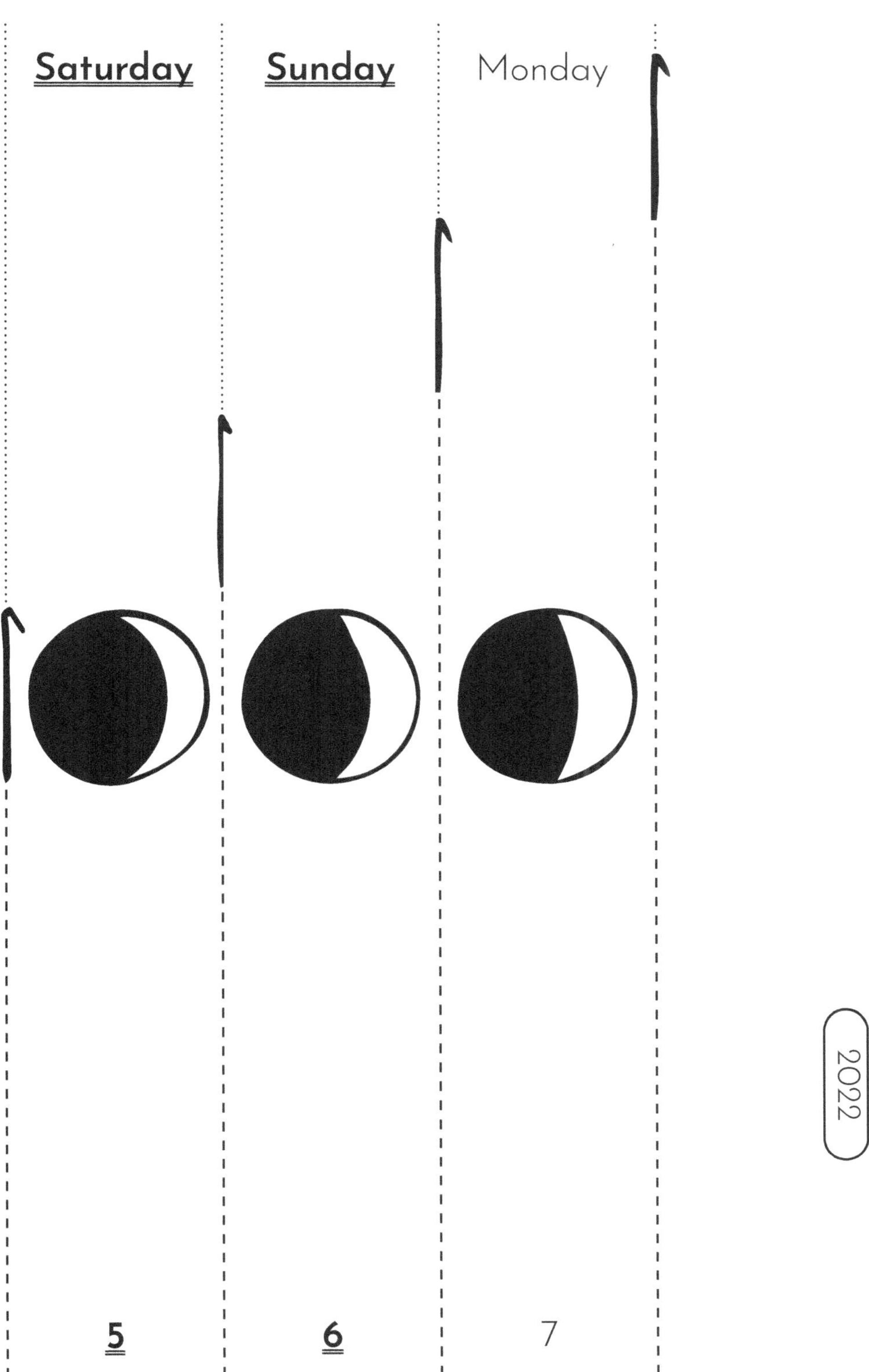

Saturday
Sunday
Monday
5
6
5
6
7
2022

Tuesday	Wednesday	Thursday	Friday

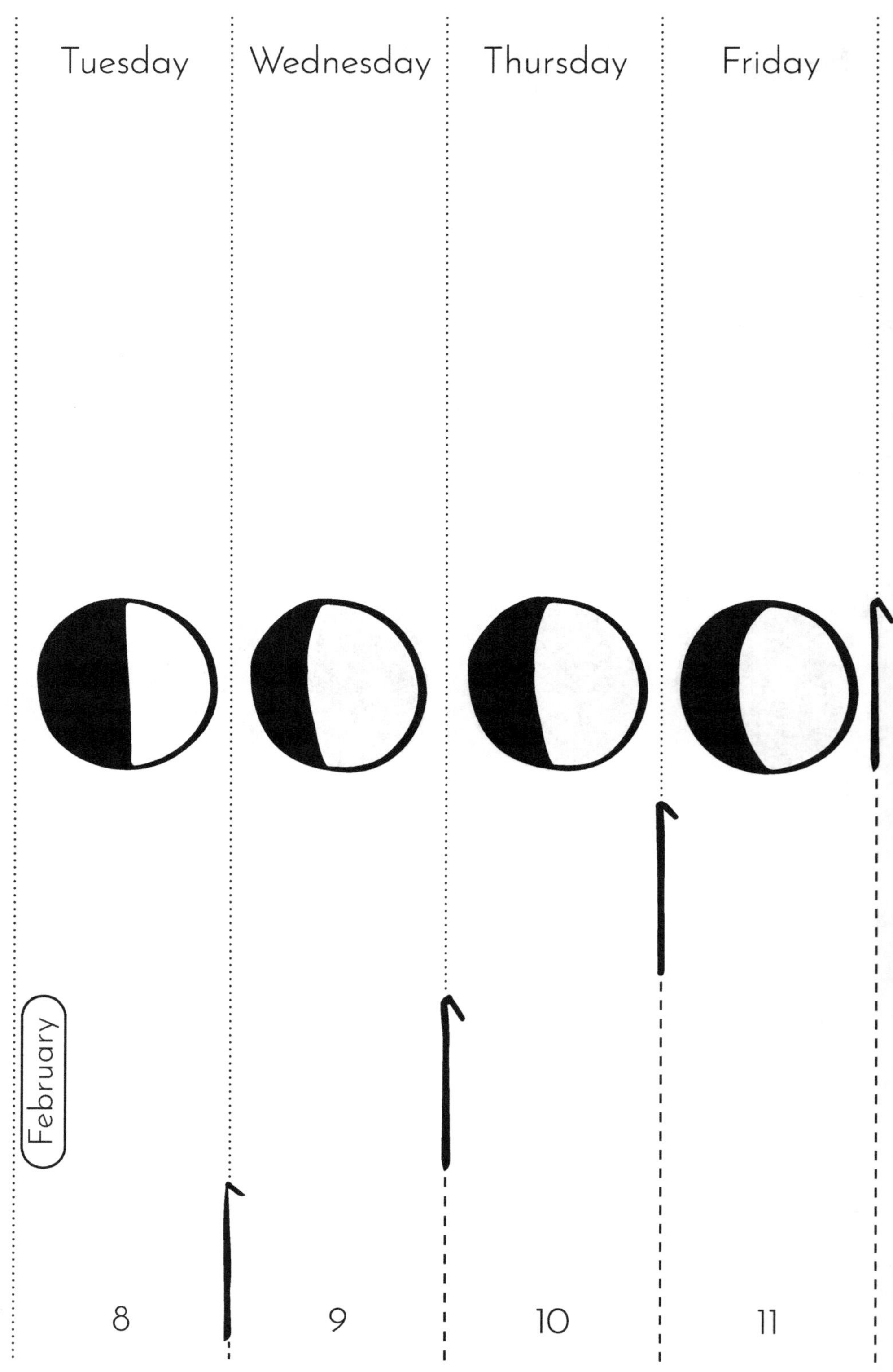

February

| 8 | 9 | 10 | 11 |

Saturday | **Sunday** | Monday | Tuesday

12 | **13** | 14 | 15

2022

Wednesday	Thursday	Friday	**<u>Saturday</u>**

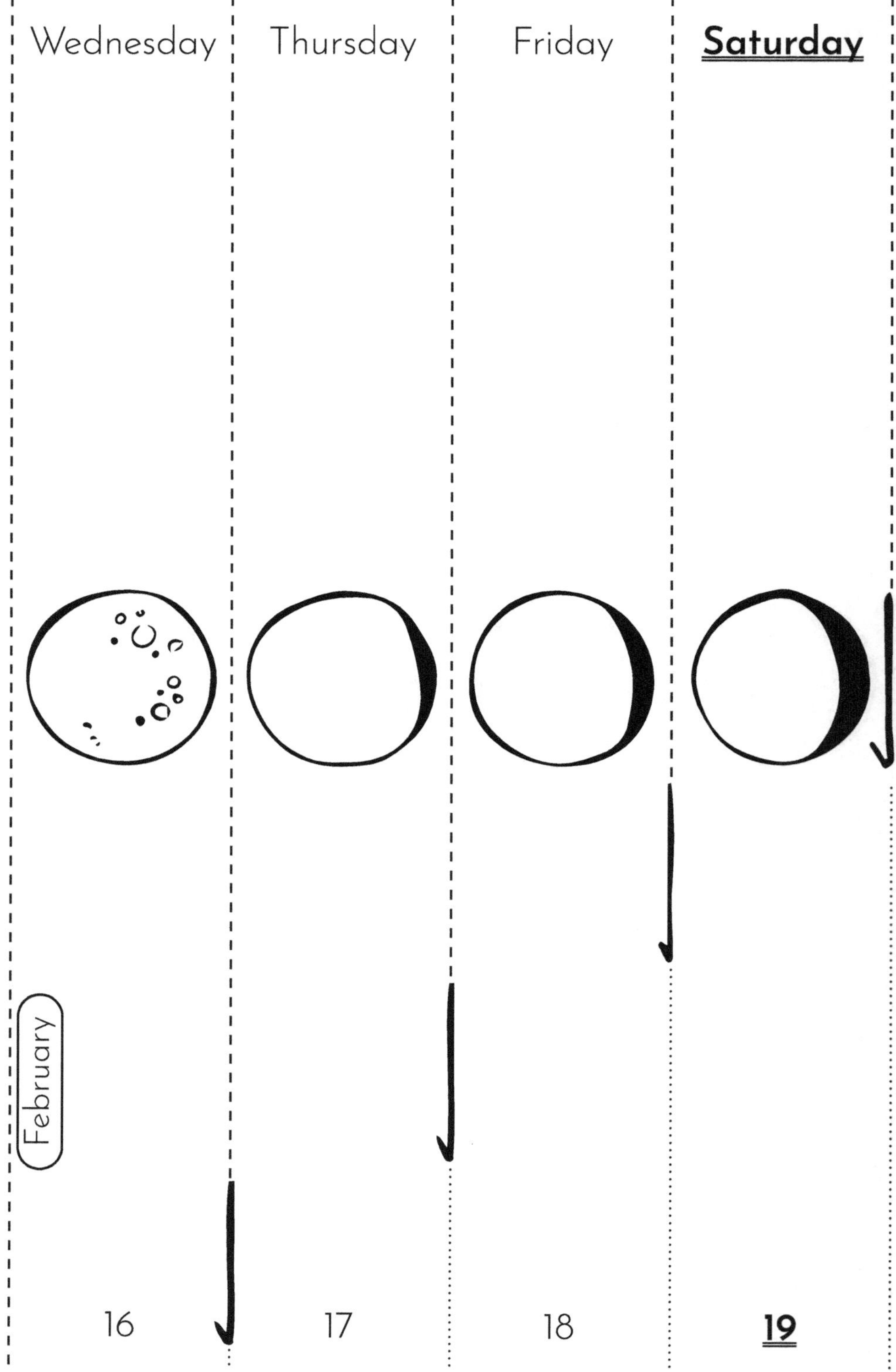

February

16	17	18	**<u>19</u>**

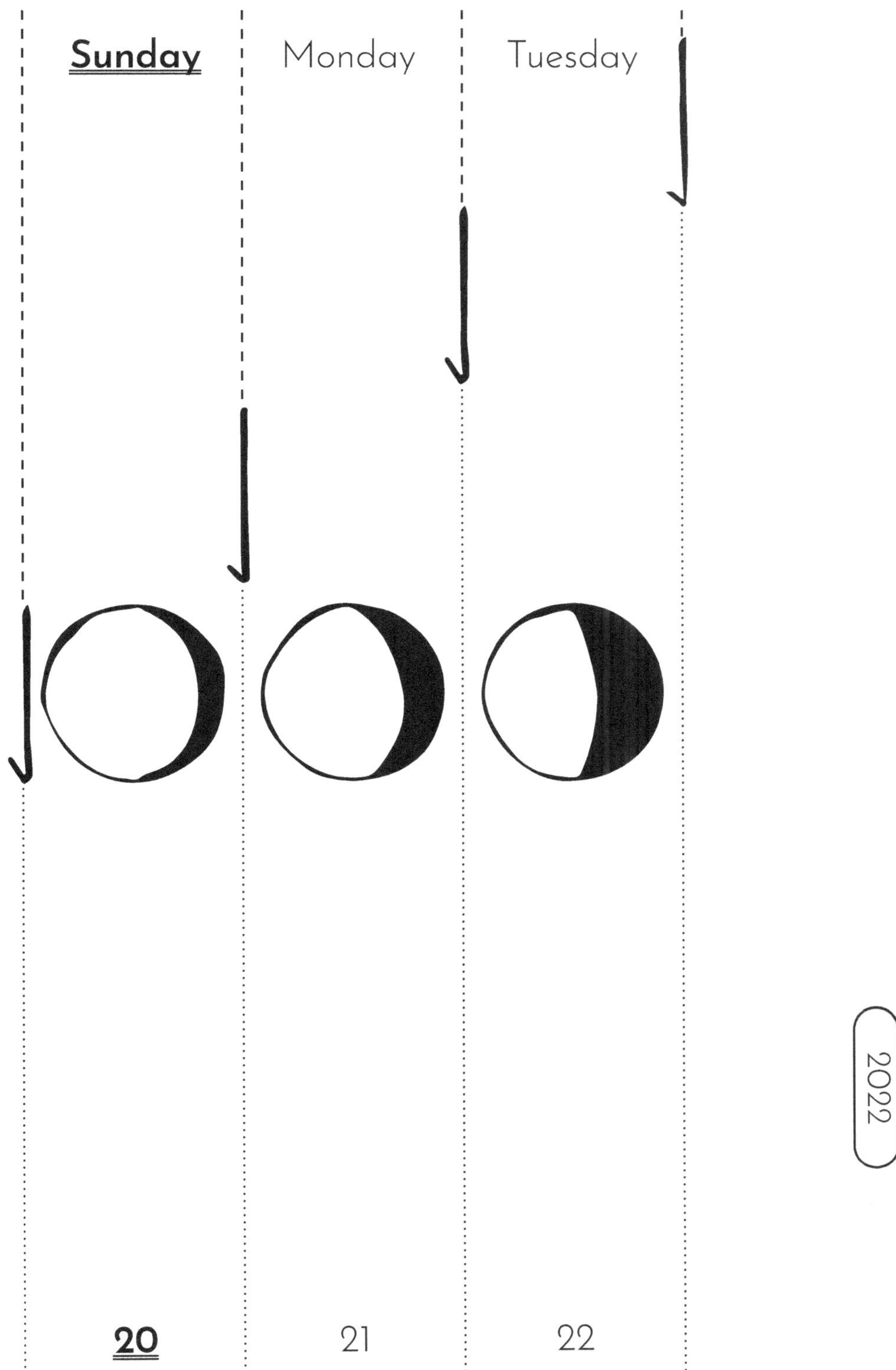

2022

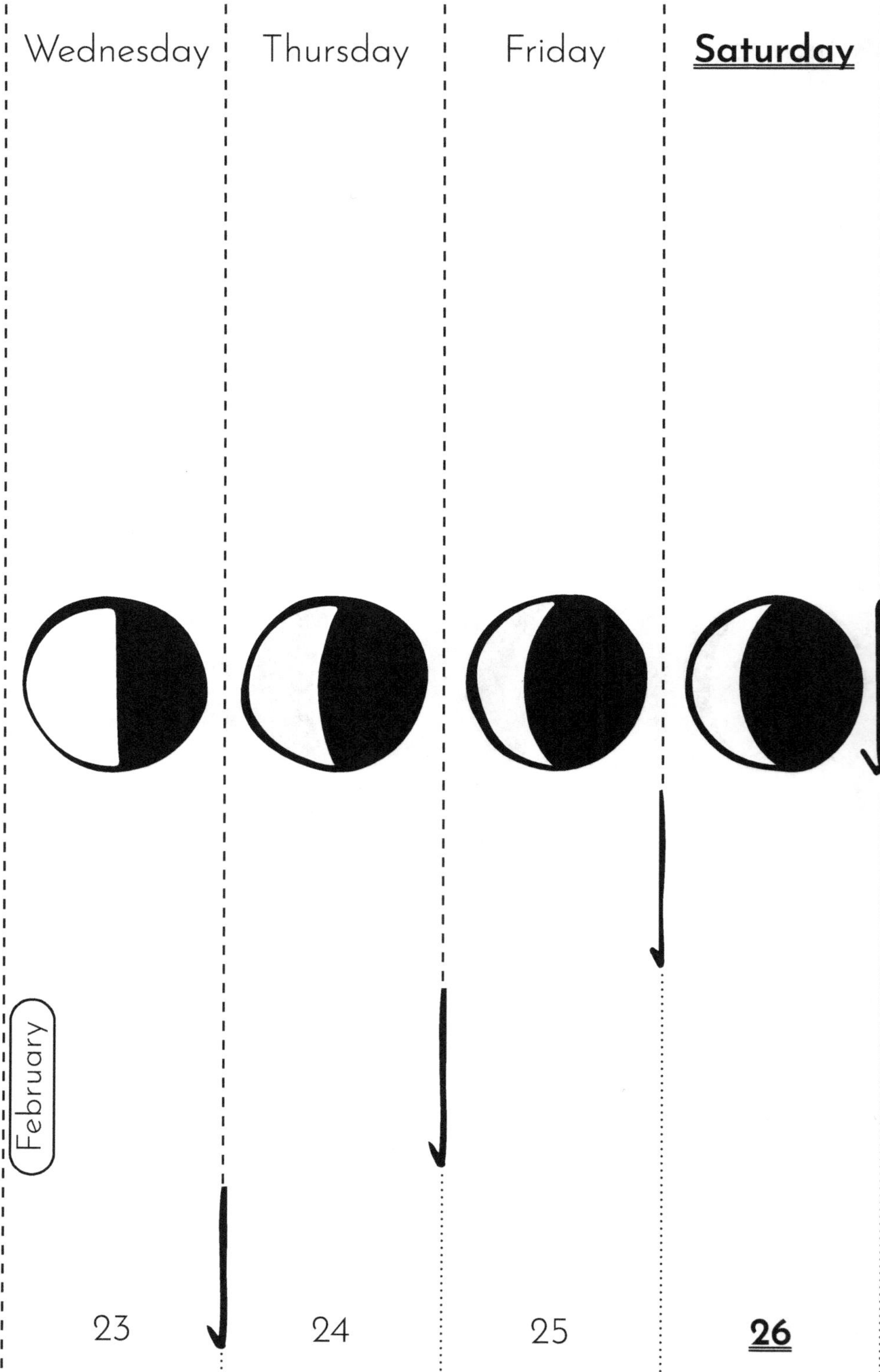

Wednesday
Thursday
Friday
Saturday
February
23
24
25
26

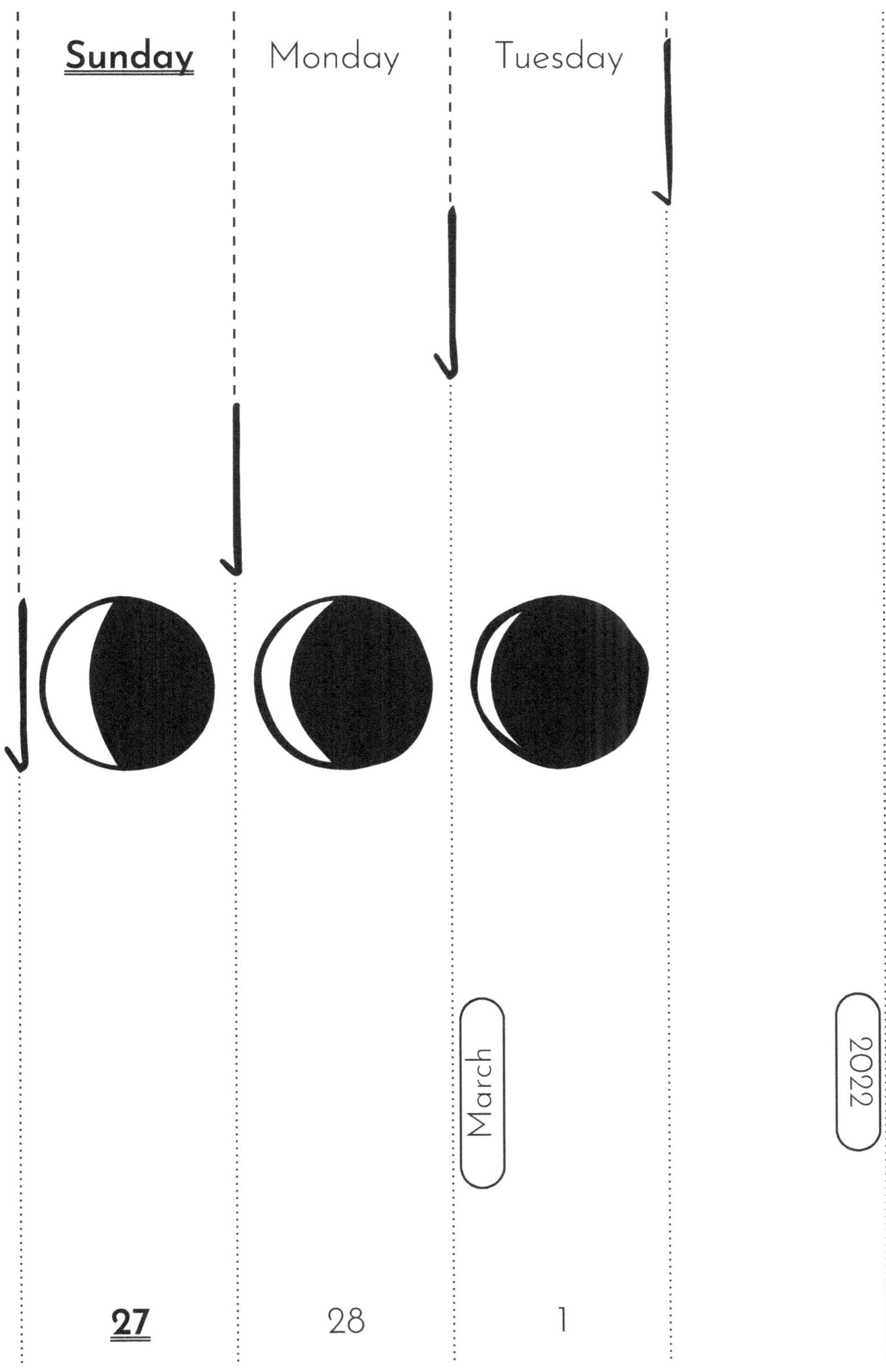

March
2022

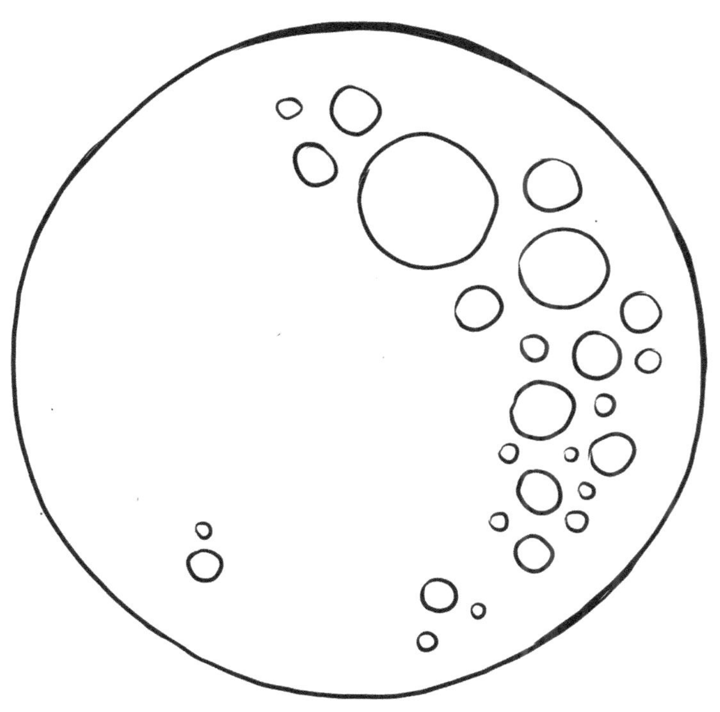

March 2-31

Sunday	Monday	Tuesday	Wednesday
			March 2
 6	 7	 8	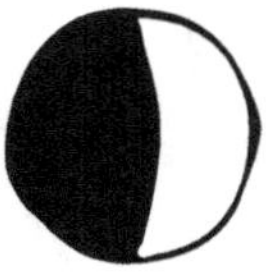 9
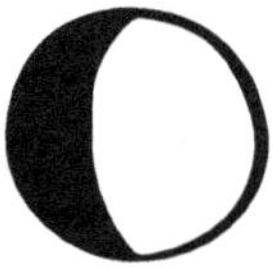 13	 14	 15	 16
 20	 21	 22	 23
 27	 28	 29	 30

<table>
<tr><td>Thursday</td><td>Friday</td><td><u>Saturday</u></td></tr>
<tr><td>3</td><td>4</td><td> 5</td></tr>
<tr><td> 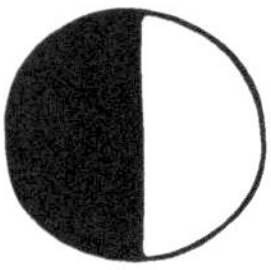10</td><td> 11</td><td> 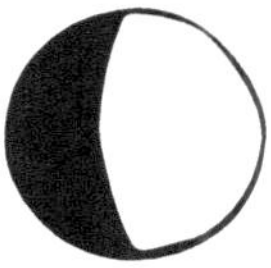12</td></tr>
<tr><td> 17</td><td> 18</td><td> 19</td></tr>
<tr><td> 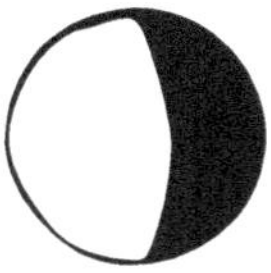24</td><td> 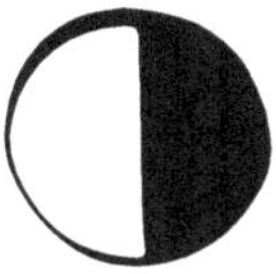25</td><td> 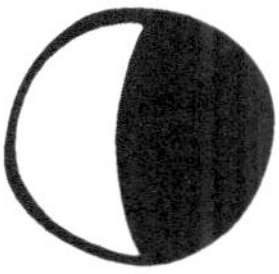26</td></tr>
<tr><td> 31</td><td></td><td></td></tr>
</table>

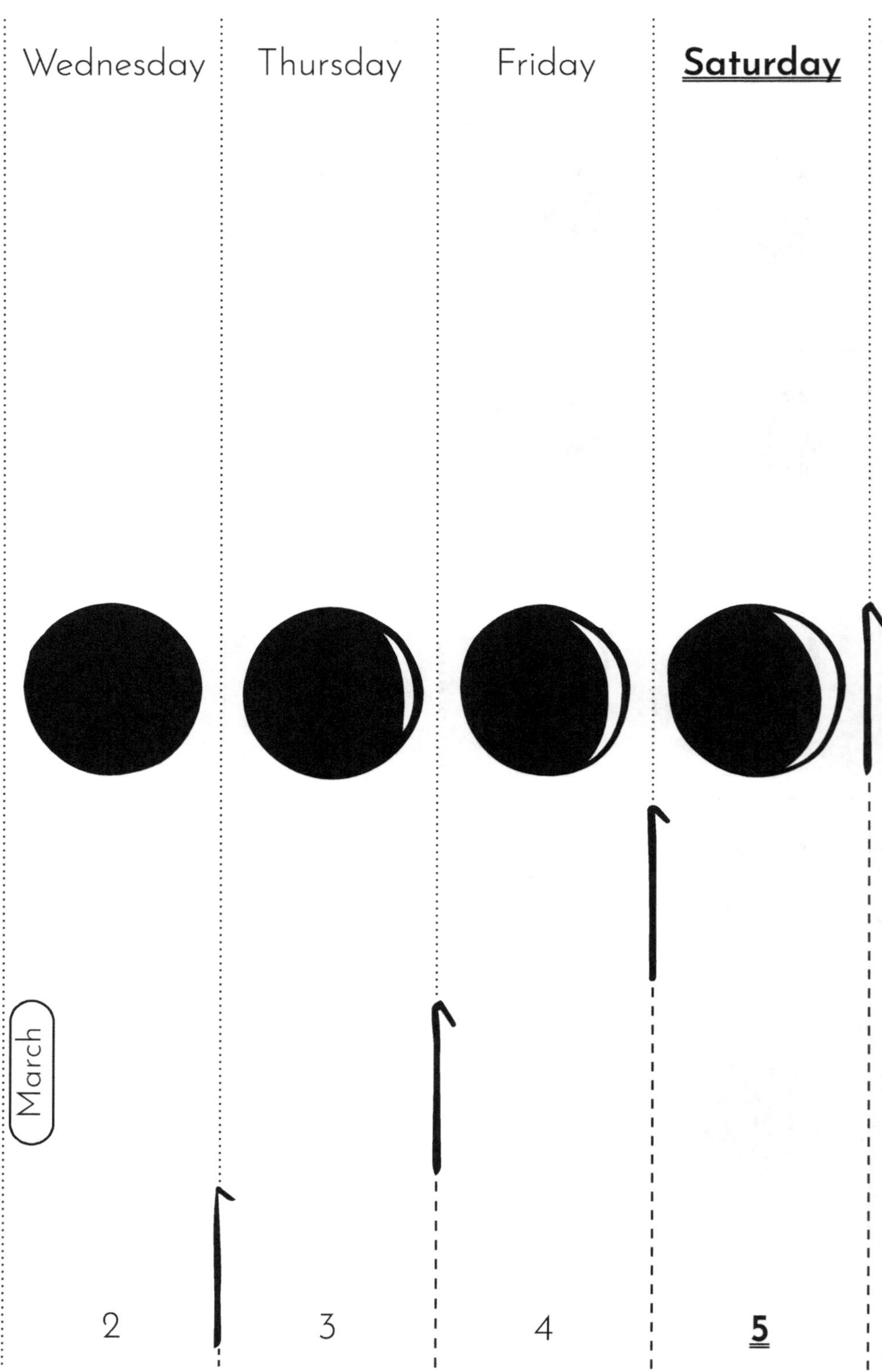

Wednesday
Thursday
Friday
Saturday
March
2
3
4
5

<u>**Sunday**</u>

Monday

Tuesday

Wednesday

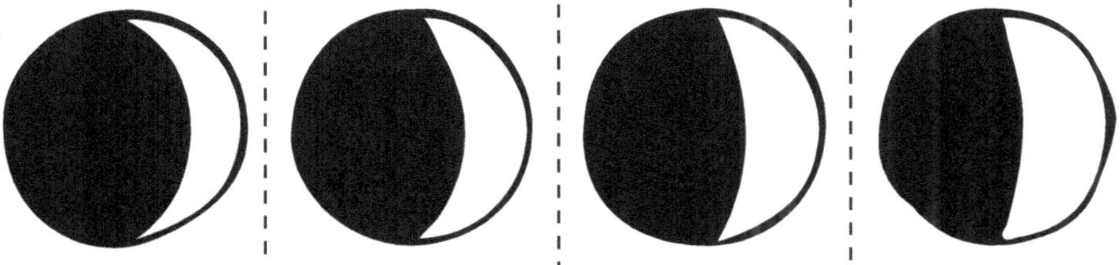

<u>**6**</u>

7

8

9

2022

Thursday

Friday

<u>**Saturday**</u>

<u>**Sunday**</u>

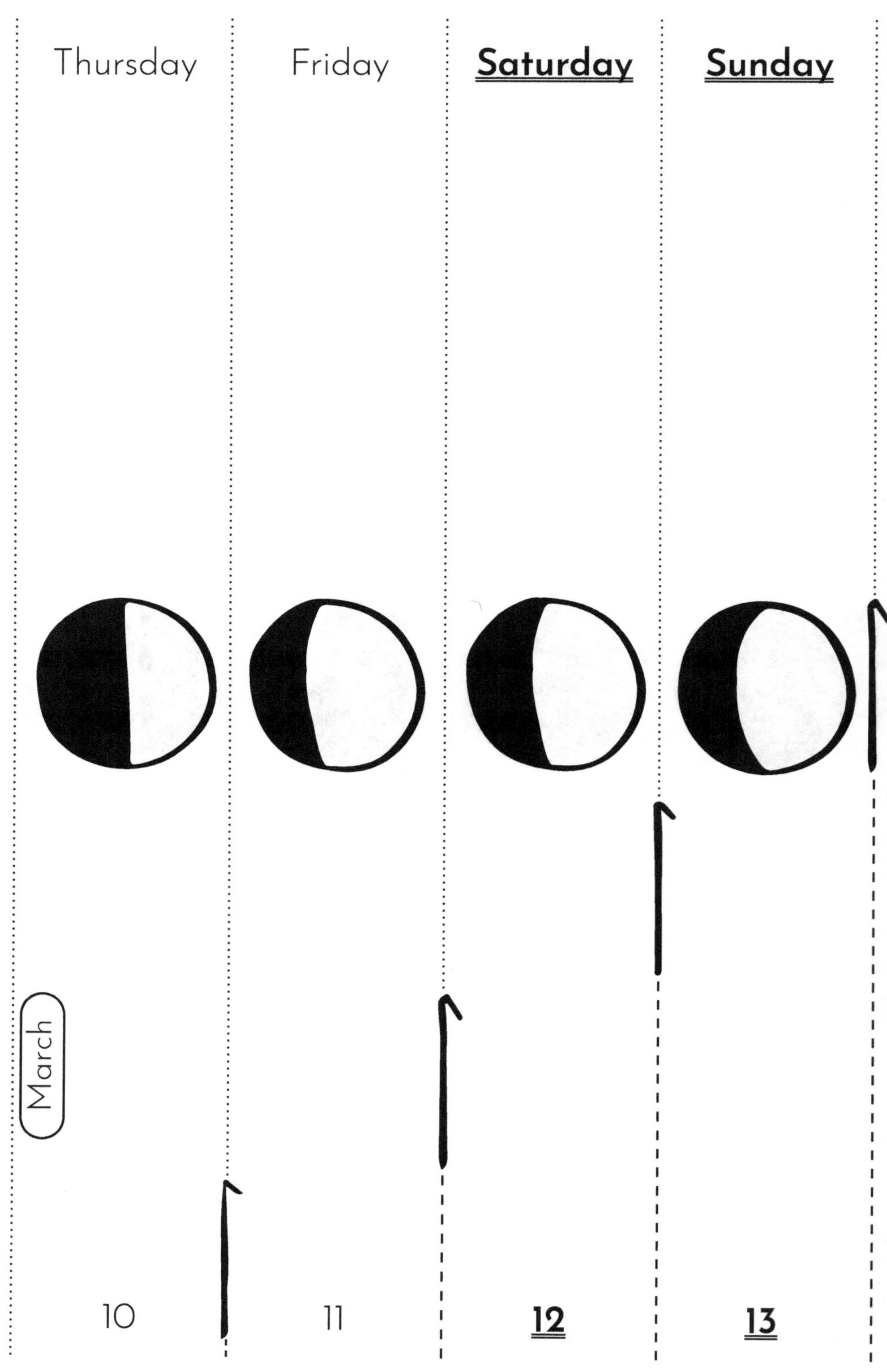

March

10

11

<u>**12**</u>

<u>**13**</u>

Monday	Tuesday	Wednesday	Thursday
14	15	16	17

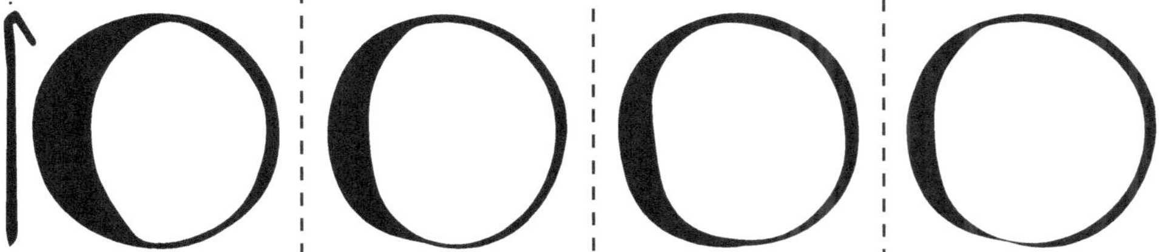

2022

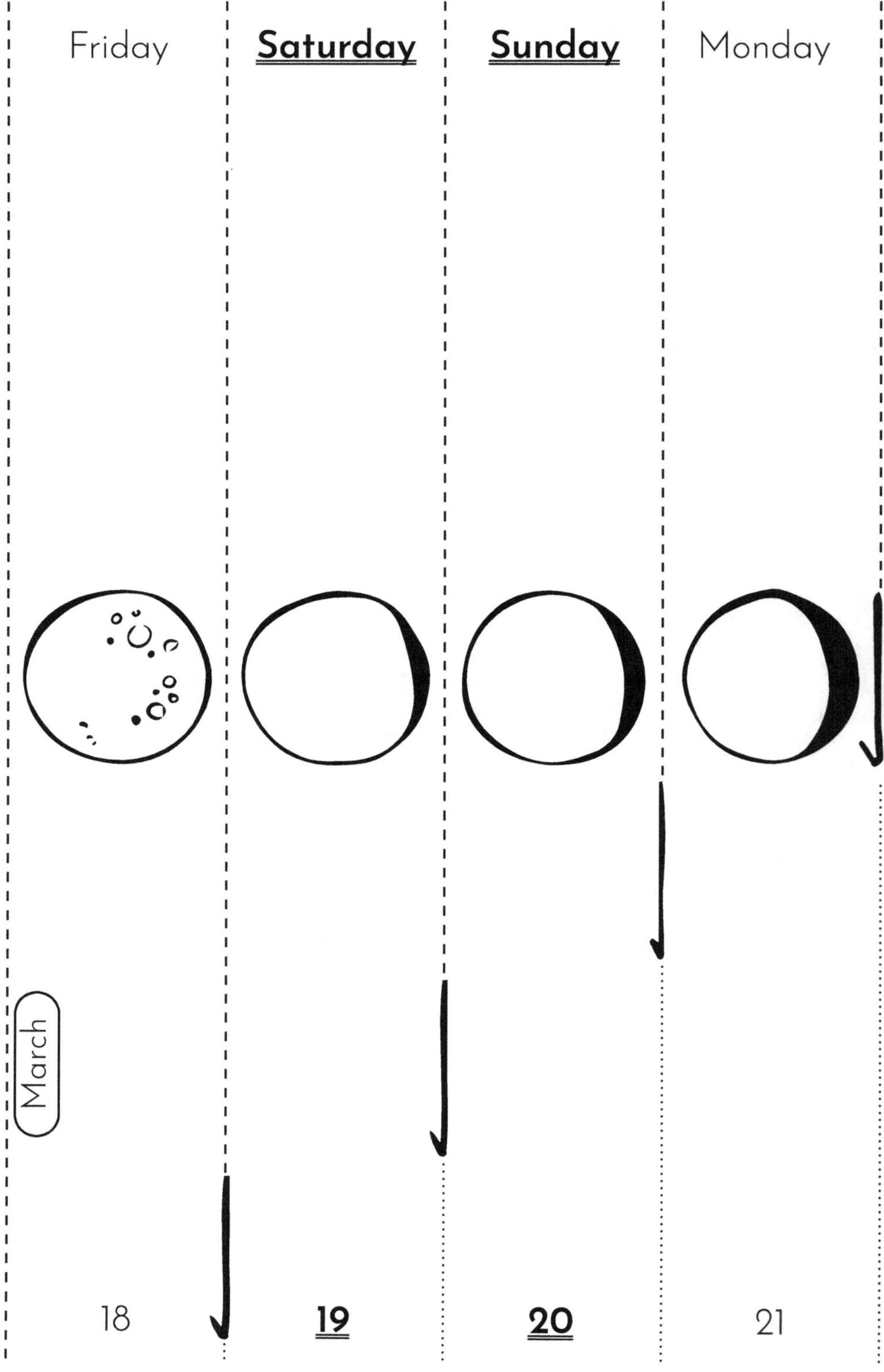

March
Friday
18
Saturday
19
Sunday
20
Monday
21

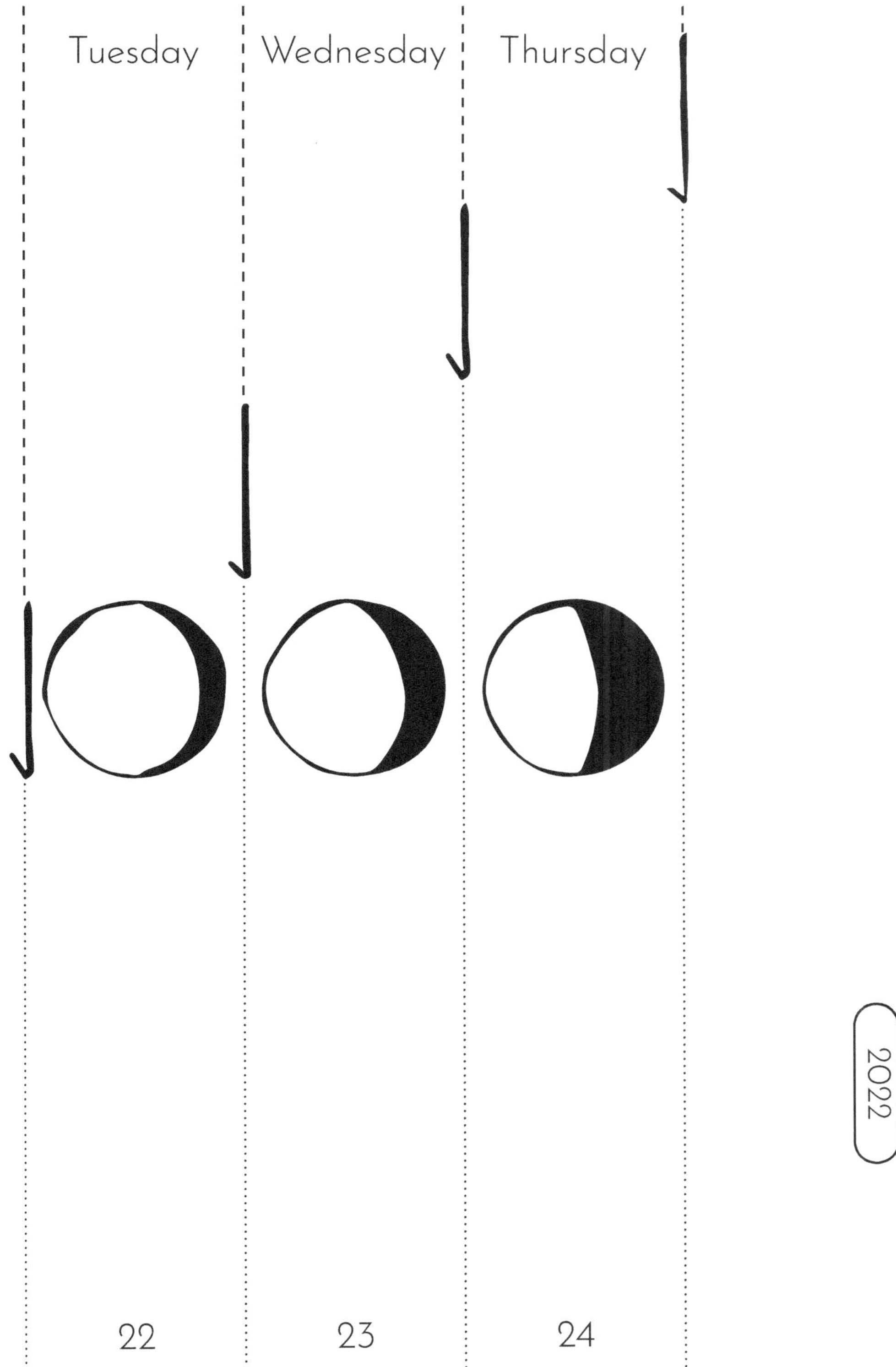

2022

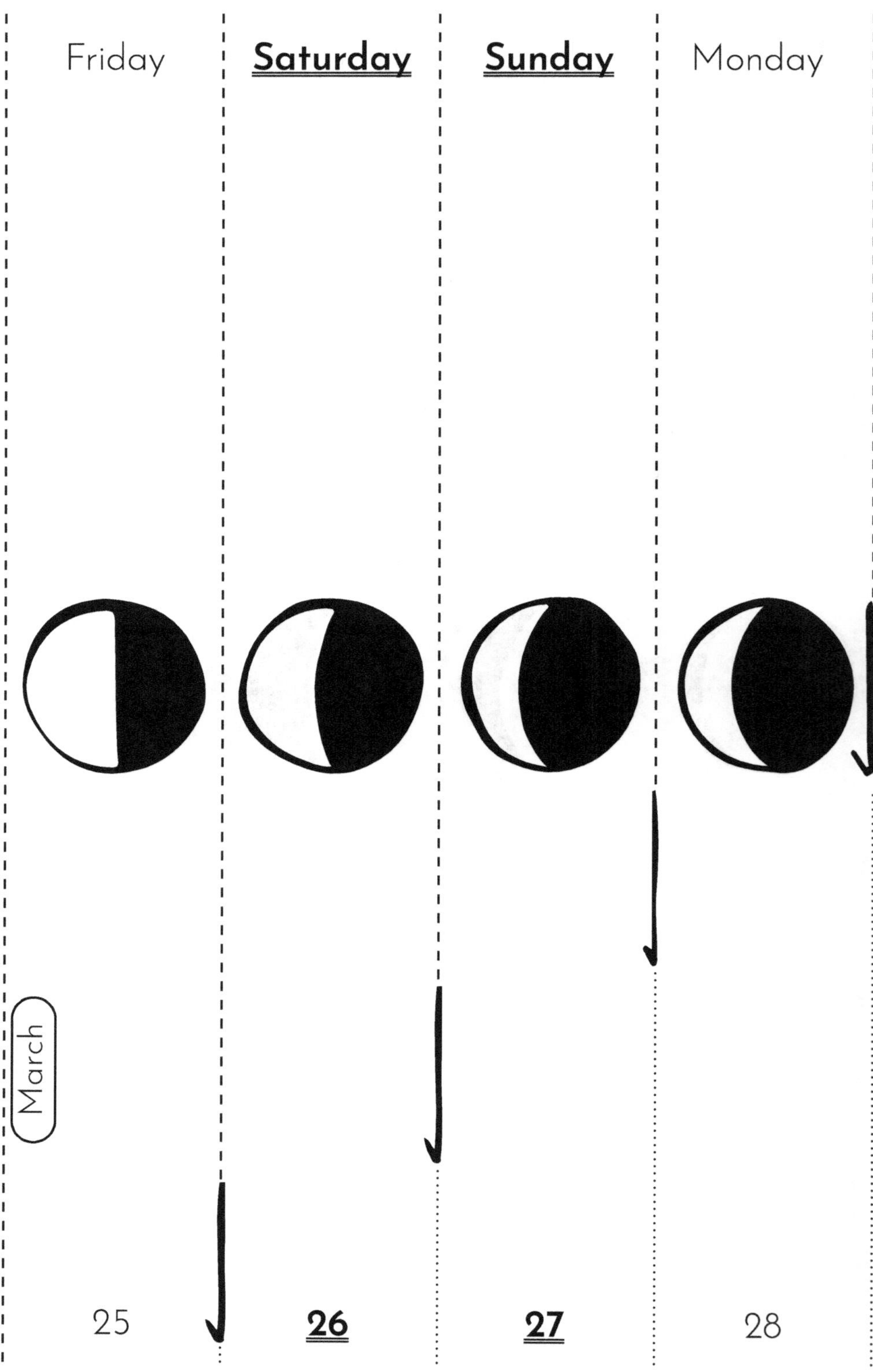

Friday
Saturday
Sunday
Monday
March
25
26
27
28

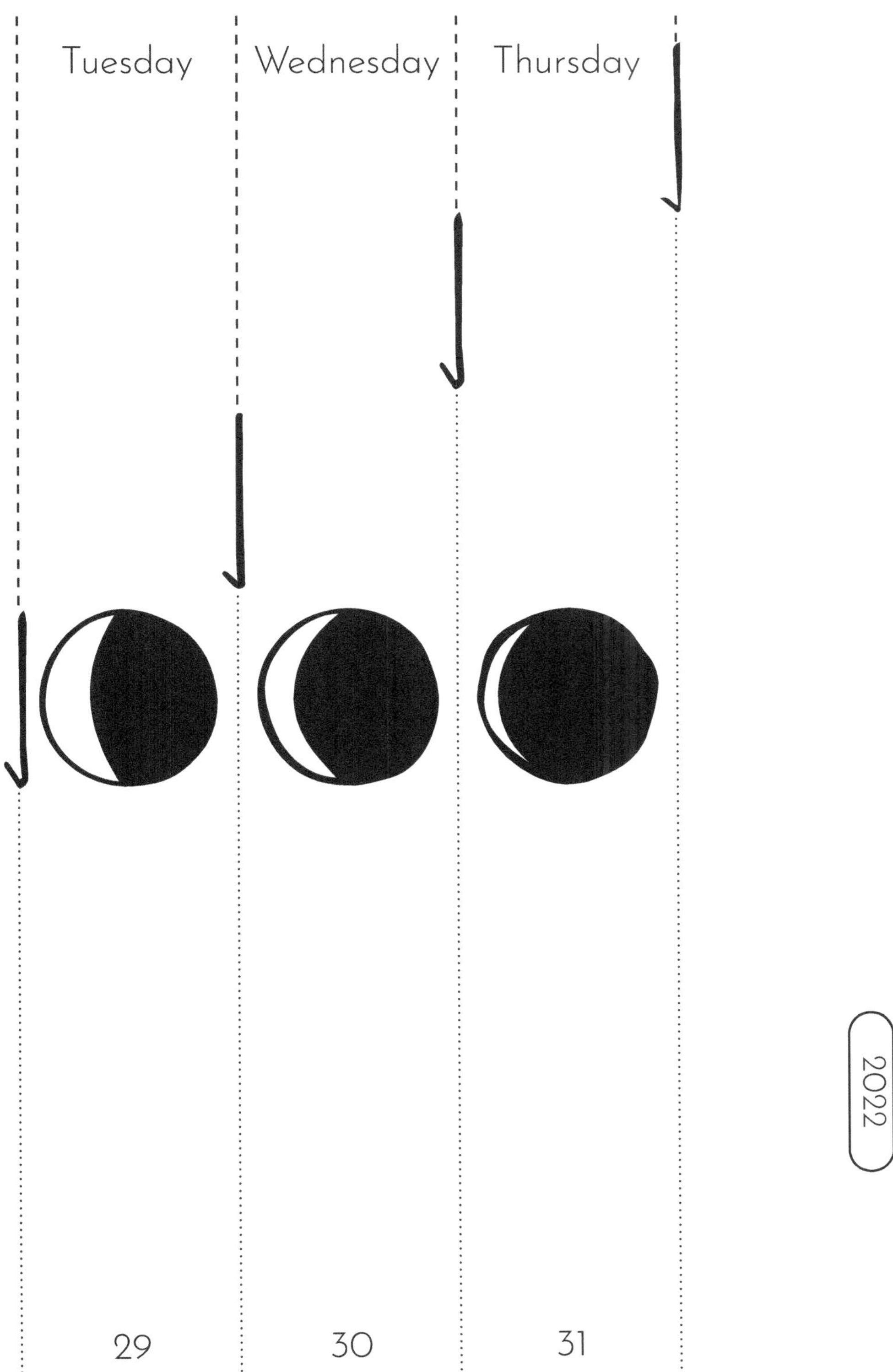

Tuesday
Wednesday
Thursday
29
30
31
2022

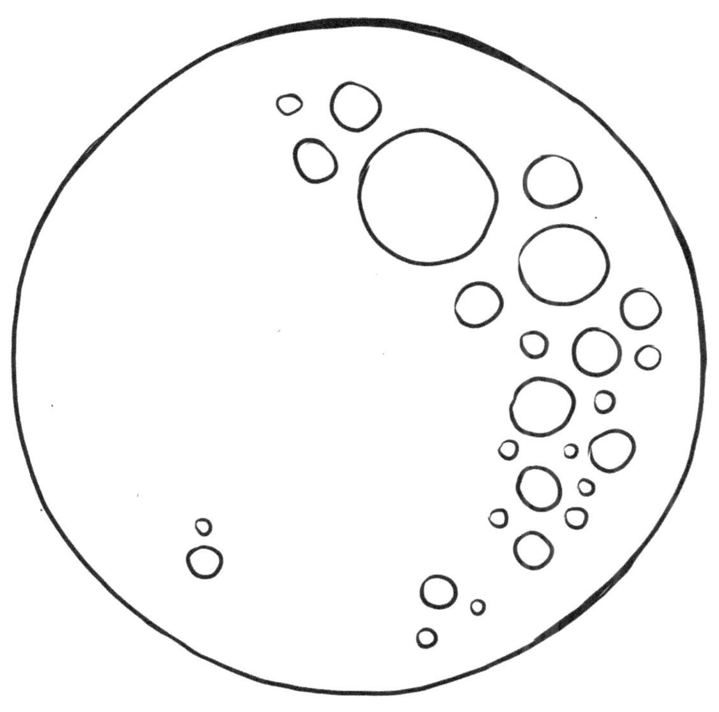

April 1-April 29

<u>**Sunday**</u>	Monday	Tuesday	Wednesday
3	 4	 5	 6
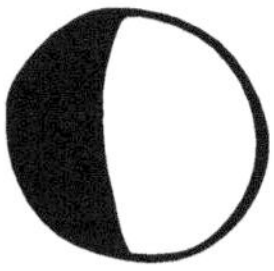 10	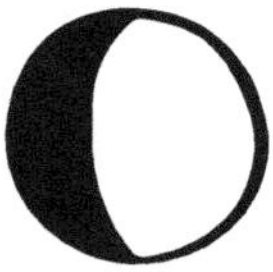 11	 12	 13
 17	 18	 19	 26
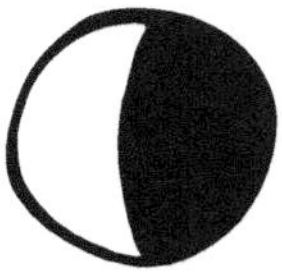 24	 25	 20	 27

	April 1	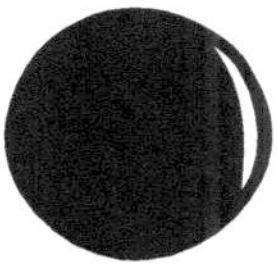 2
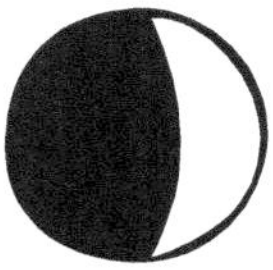 7	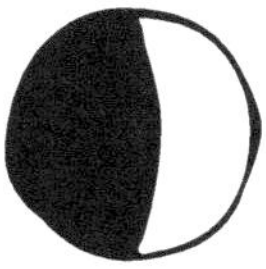 8	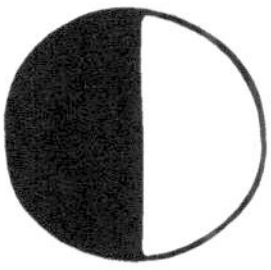 9
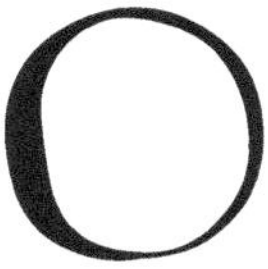 14	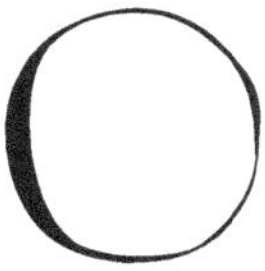 15	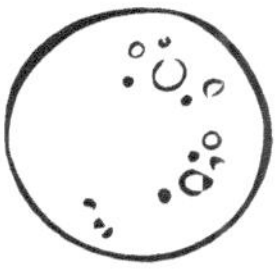 16
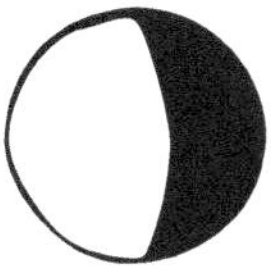 21	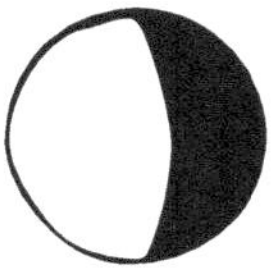 22	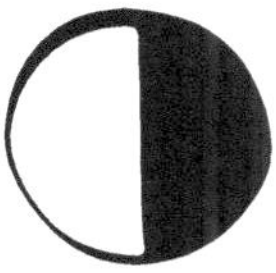 23
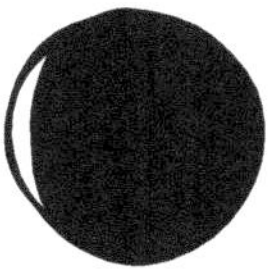 28	29	

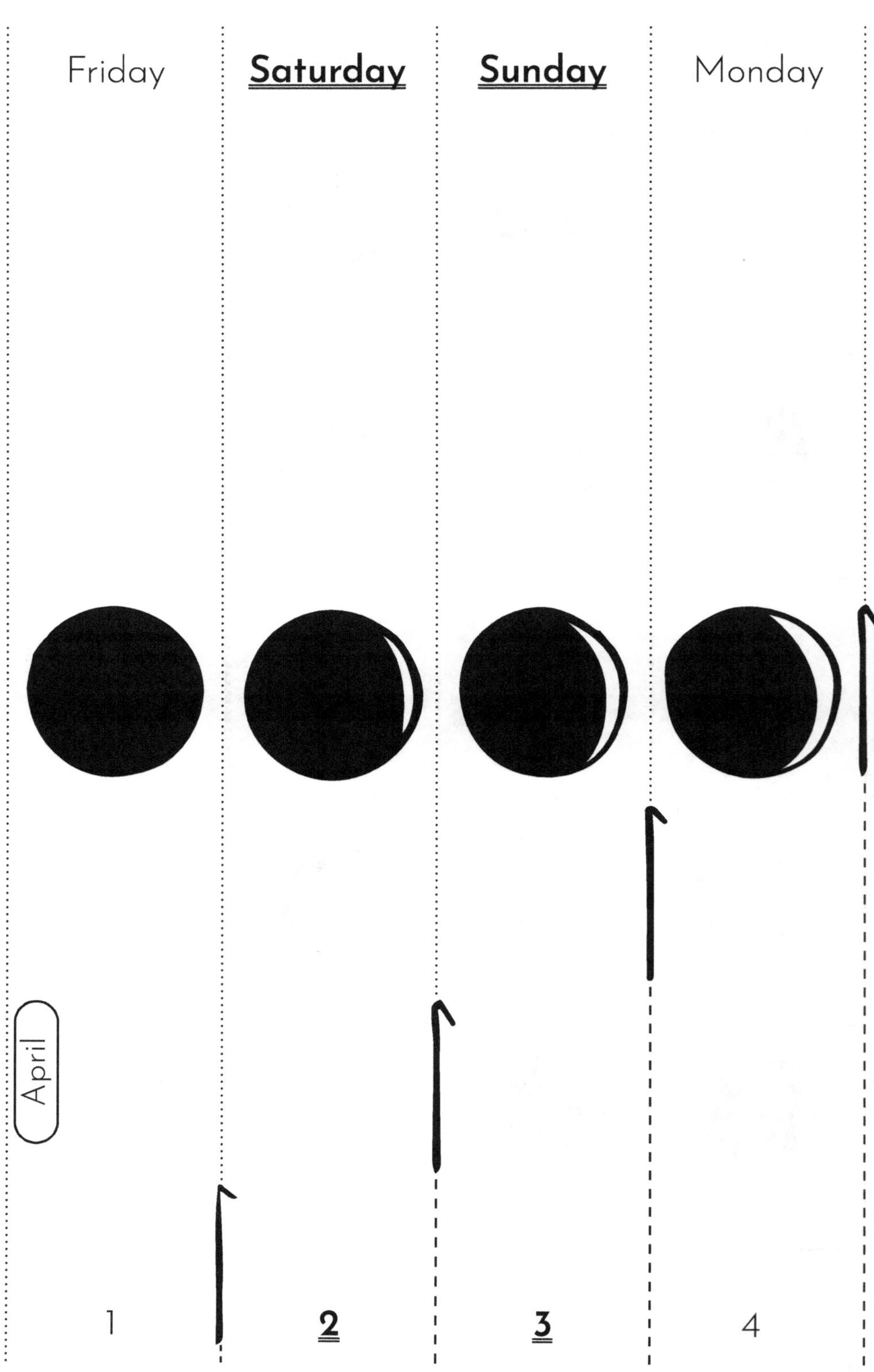

Friday
Saturday
Sunday
Monday
April
1
2
3
4

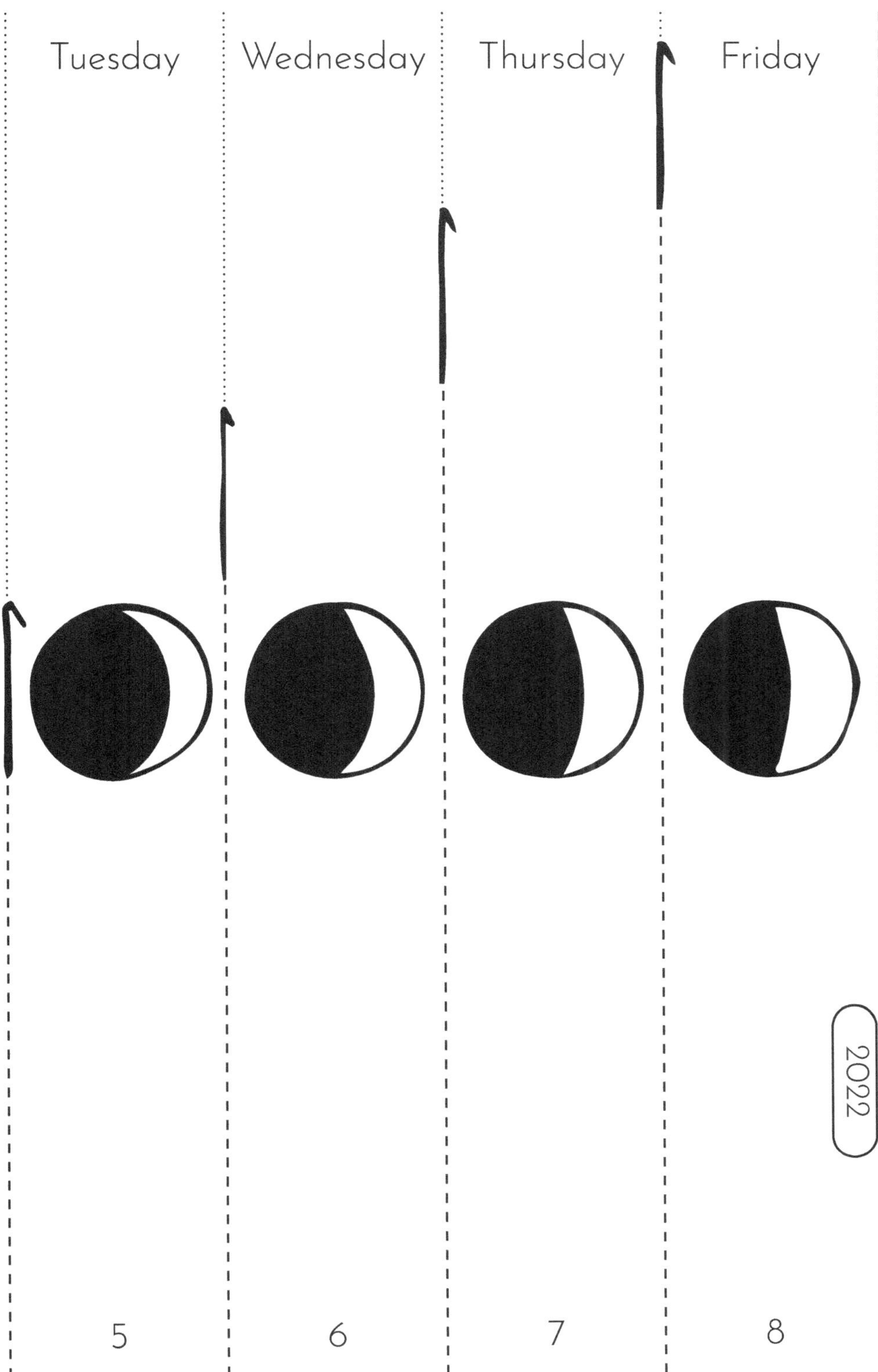

Tuesday
Wednesday
Thursday
Friday
5
6
7
8
2022

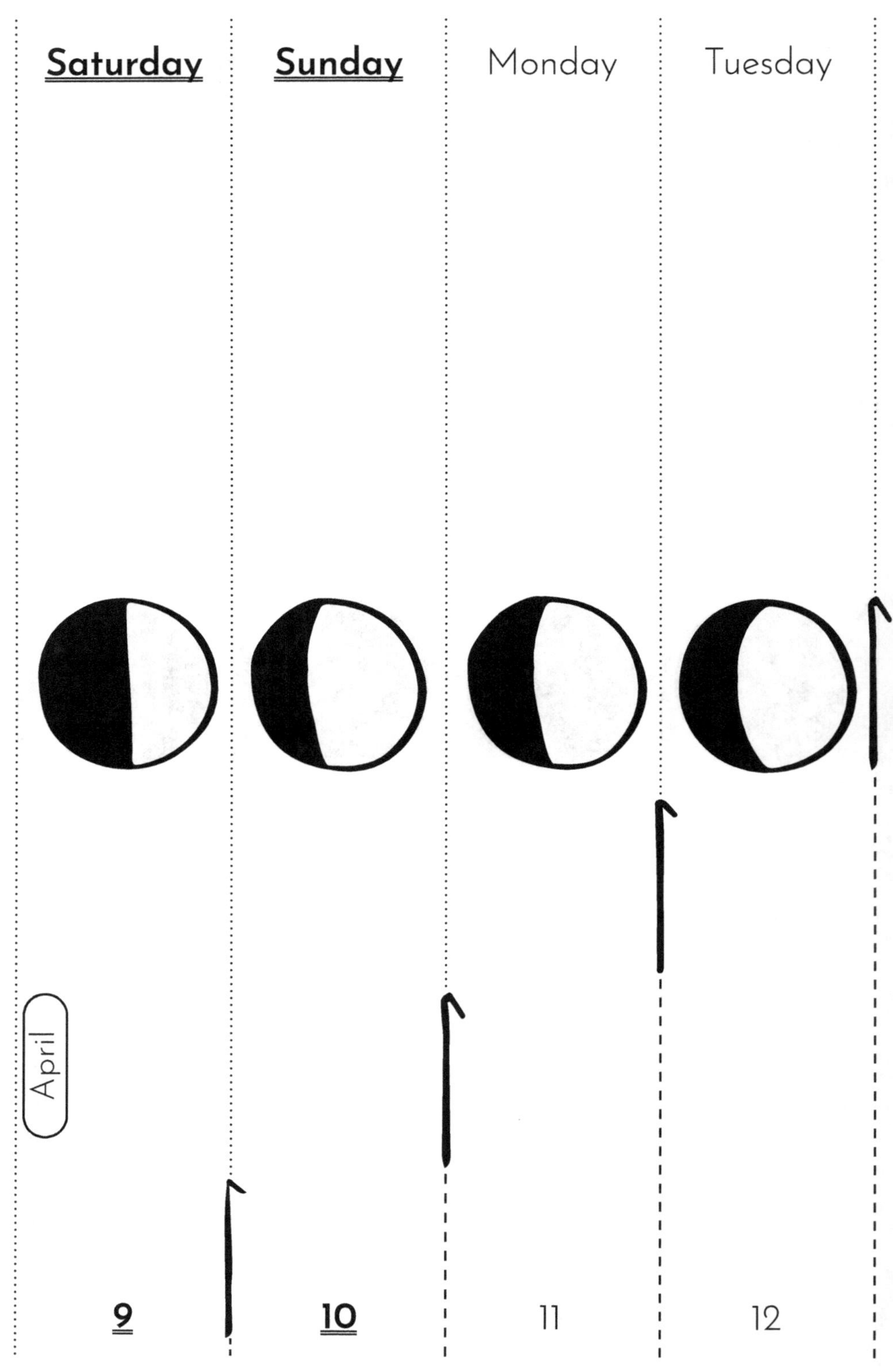

Saturday
Sunday
Monday
Tuesday
9
10
11
12
April

Wednesday

Thursday

Friday

13

14

15

2022

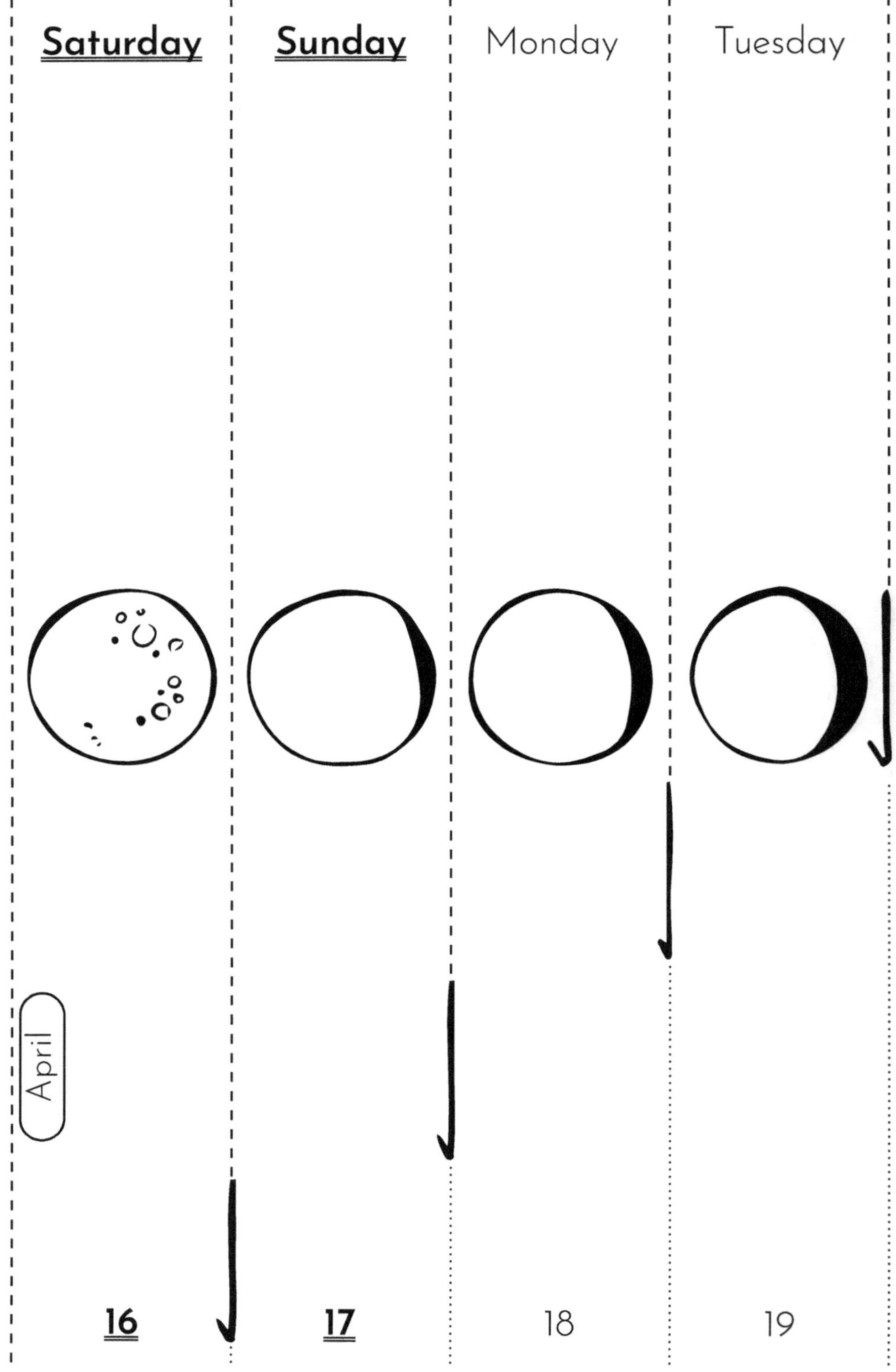

Saturday
Sunday
Monday
Tuesday
April
16
17
18
19

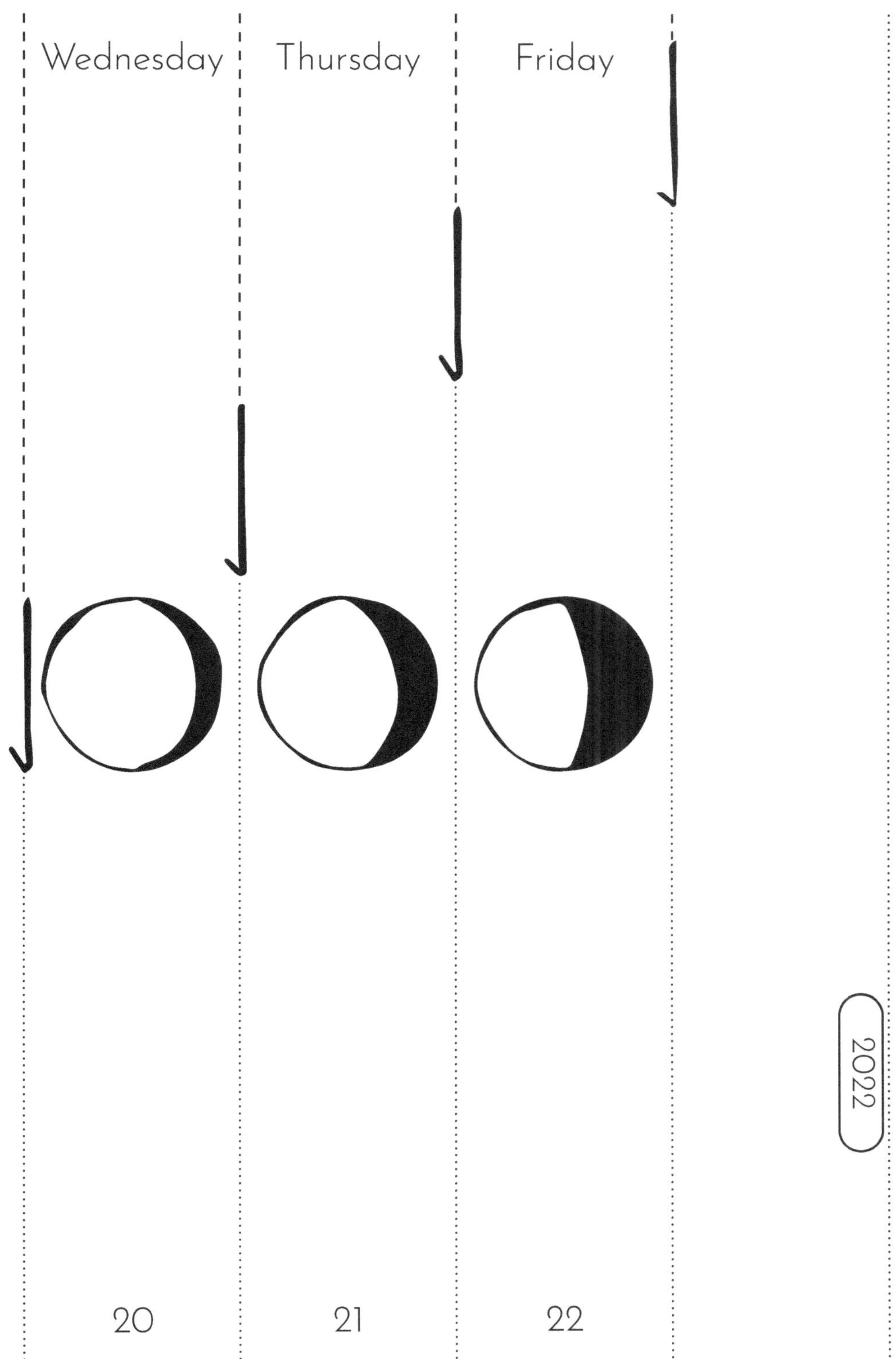

Wednesday | Thursday | Friday

20 | 21 | 22

2022

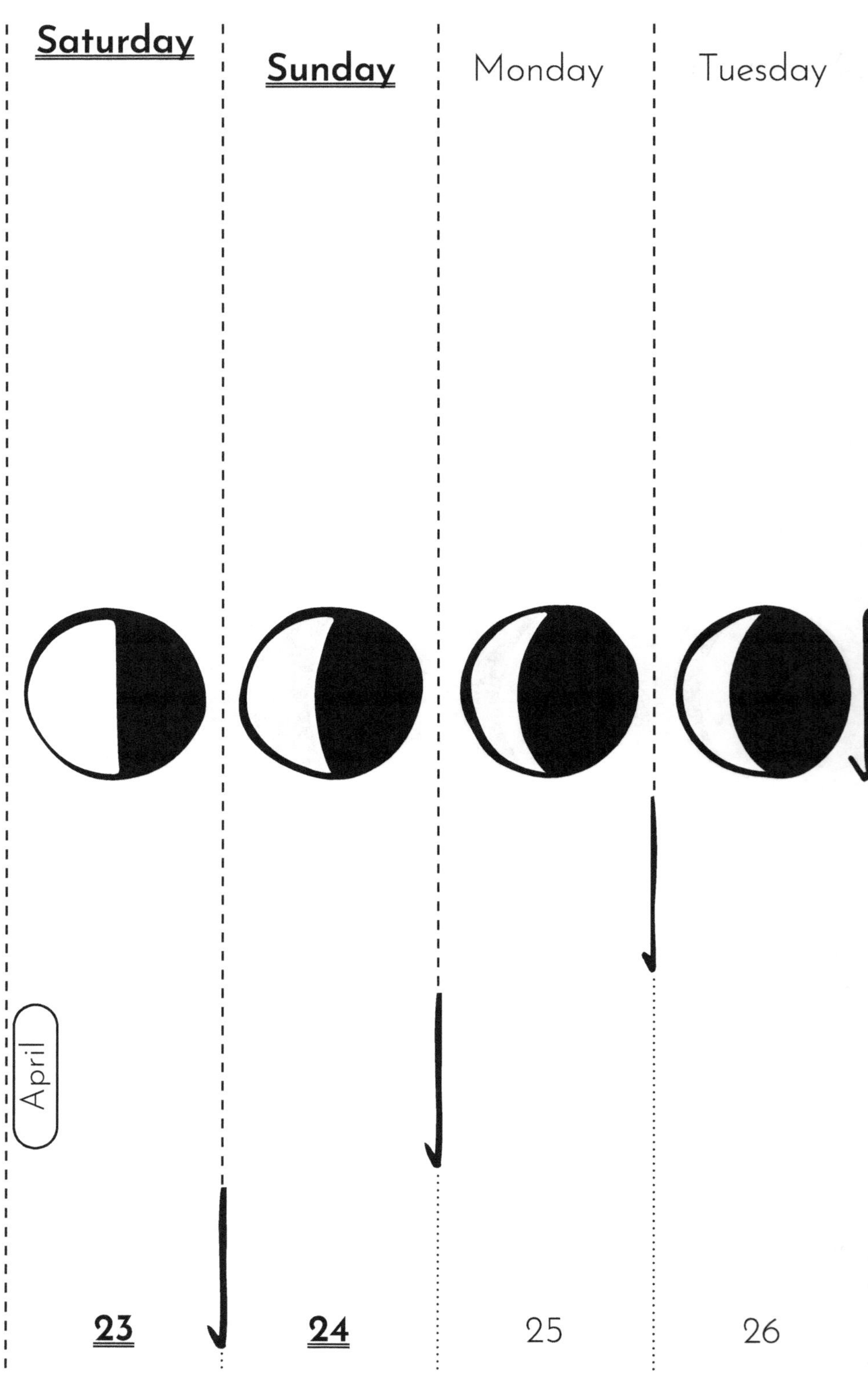
Saturday
Sunday
Monday
Tuesday
23
24
25
26
April

Wednesday	Thursday	Friday	

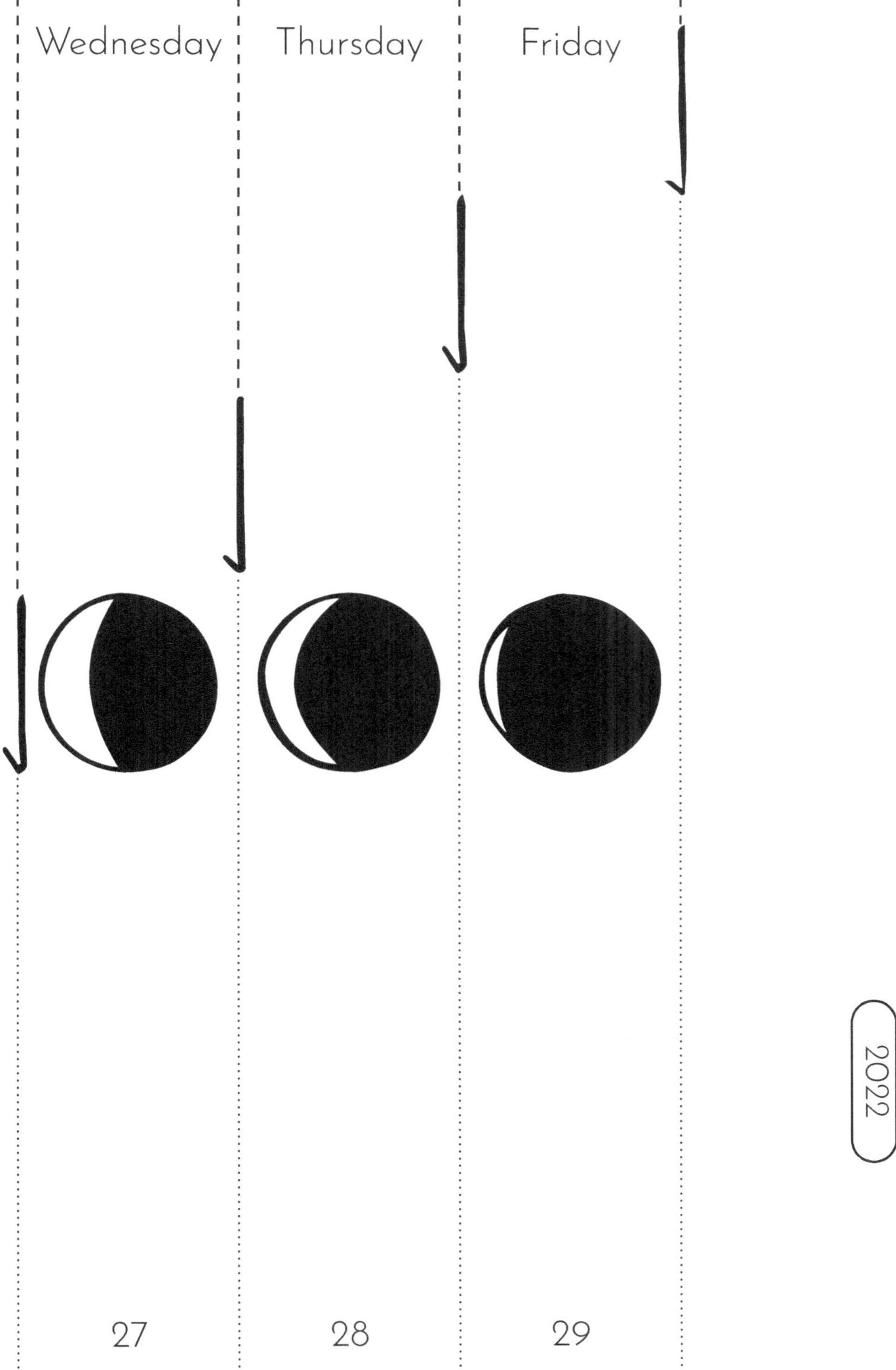

| 27 | 28 | 29 | 2022 |

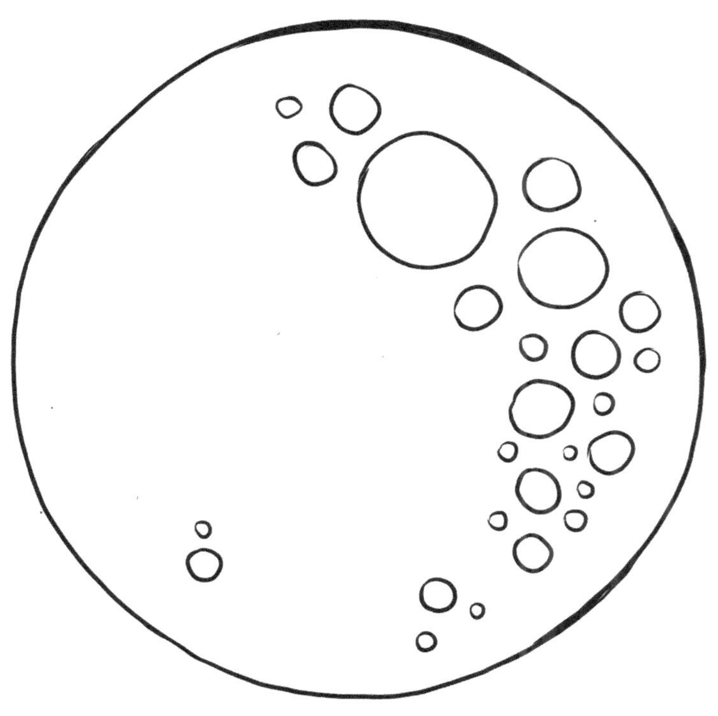

April 30-May 29

<u>**Sunday**</u> | Monday | Tuesday | Wednesday

May 1	2	3	4
8	9	10	11
15	16	17	18
22	23	24	25

Thursday	Friday	**<u>Saturday</u>**
		April 30
5	6	7
12	13	14
19	20	21
26	27	29

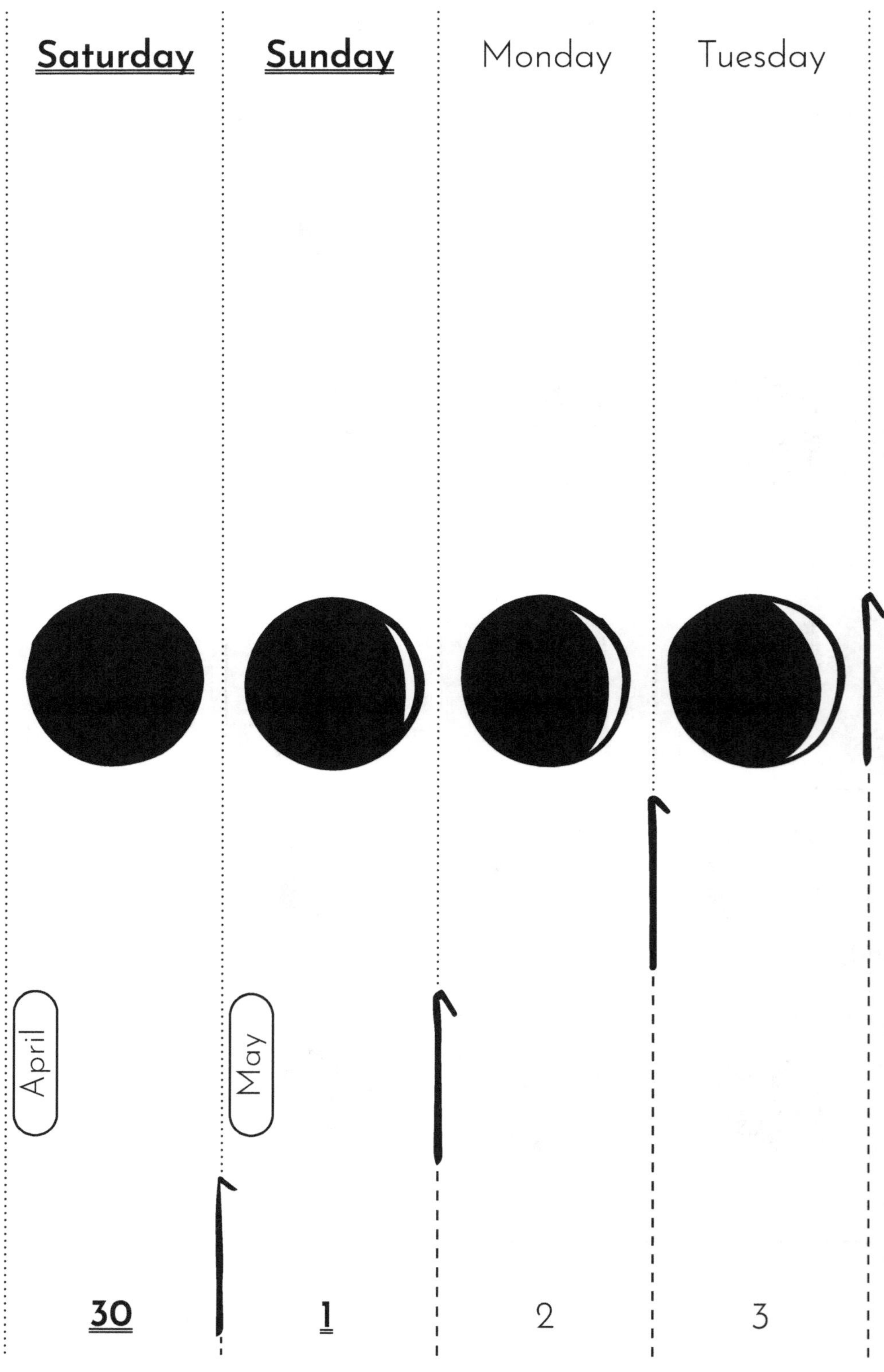

Saturday
Sunday
Monday
Tuesday
30
1
2
3
April
May

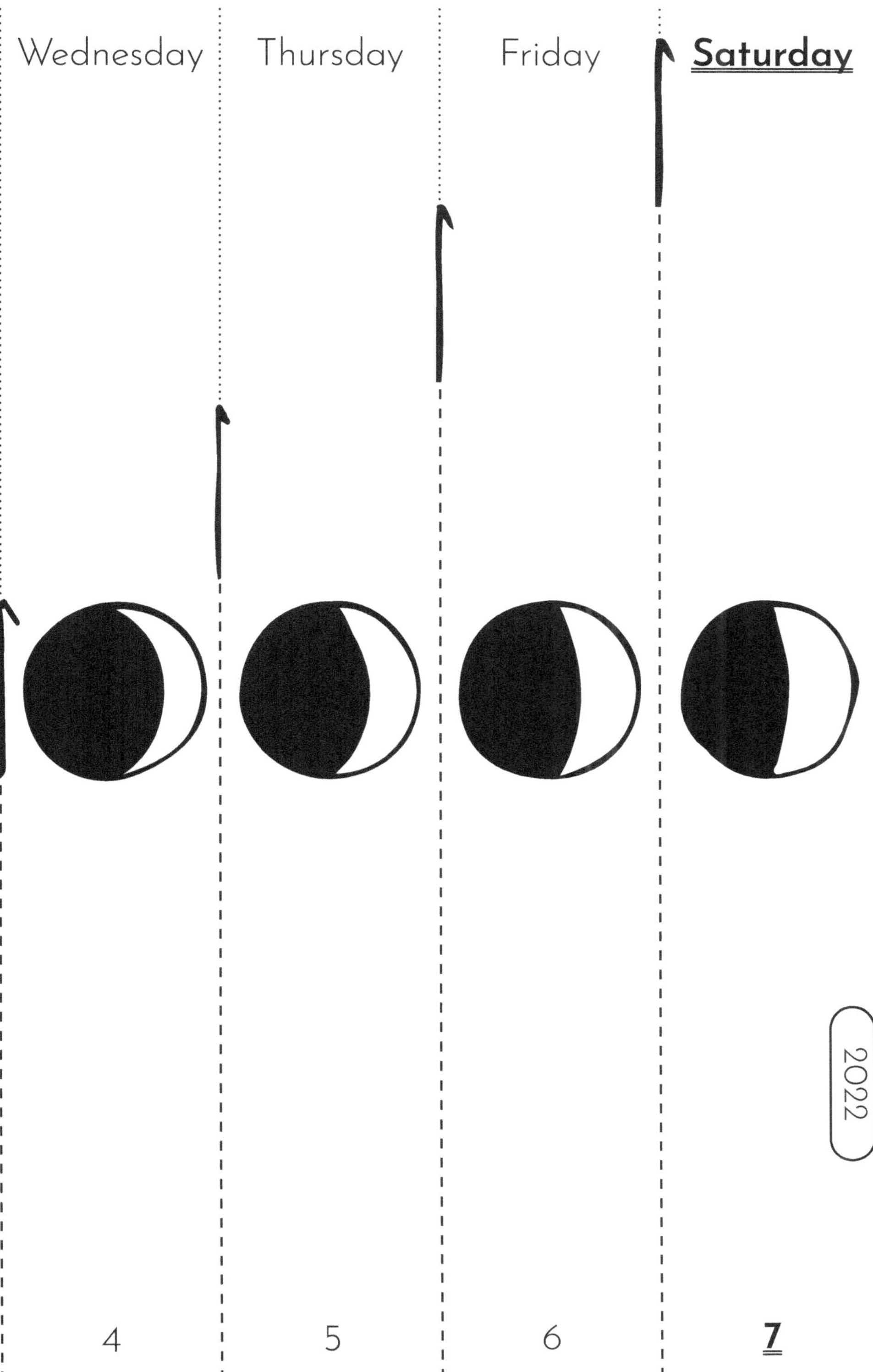

Wednesday	Thursday	Friday	**Saturday**
4	5	6	**7**

2022

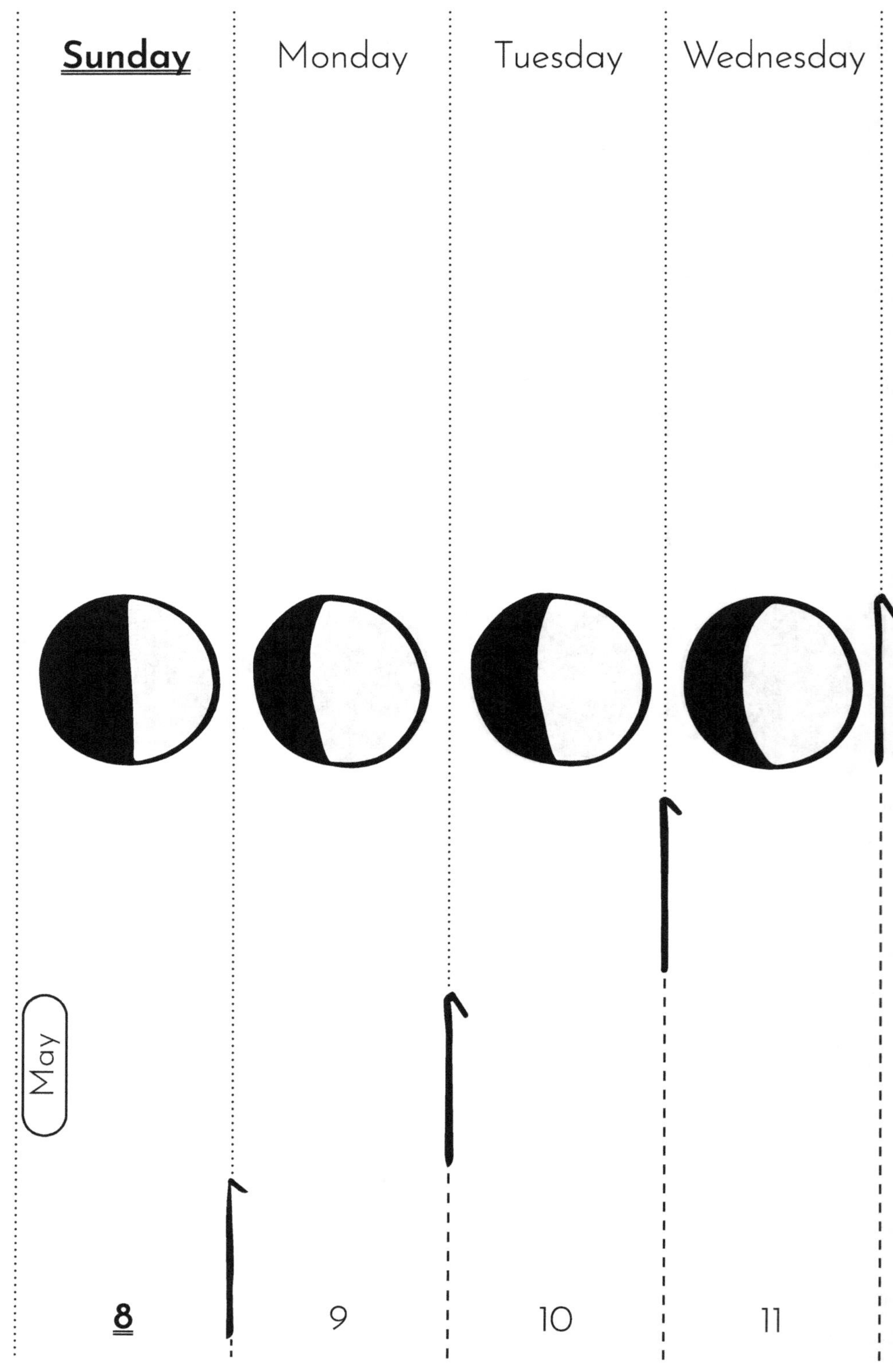

<u>8</u> | 9 | 10 | 11

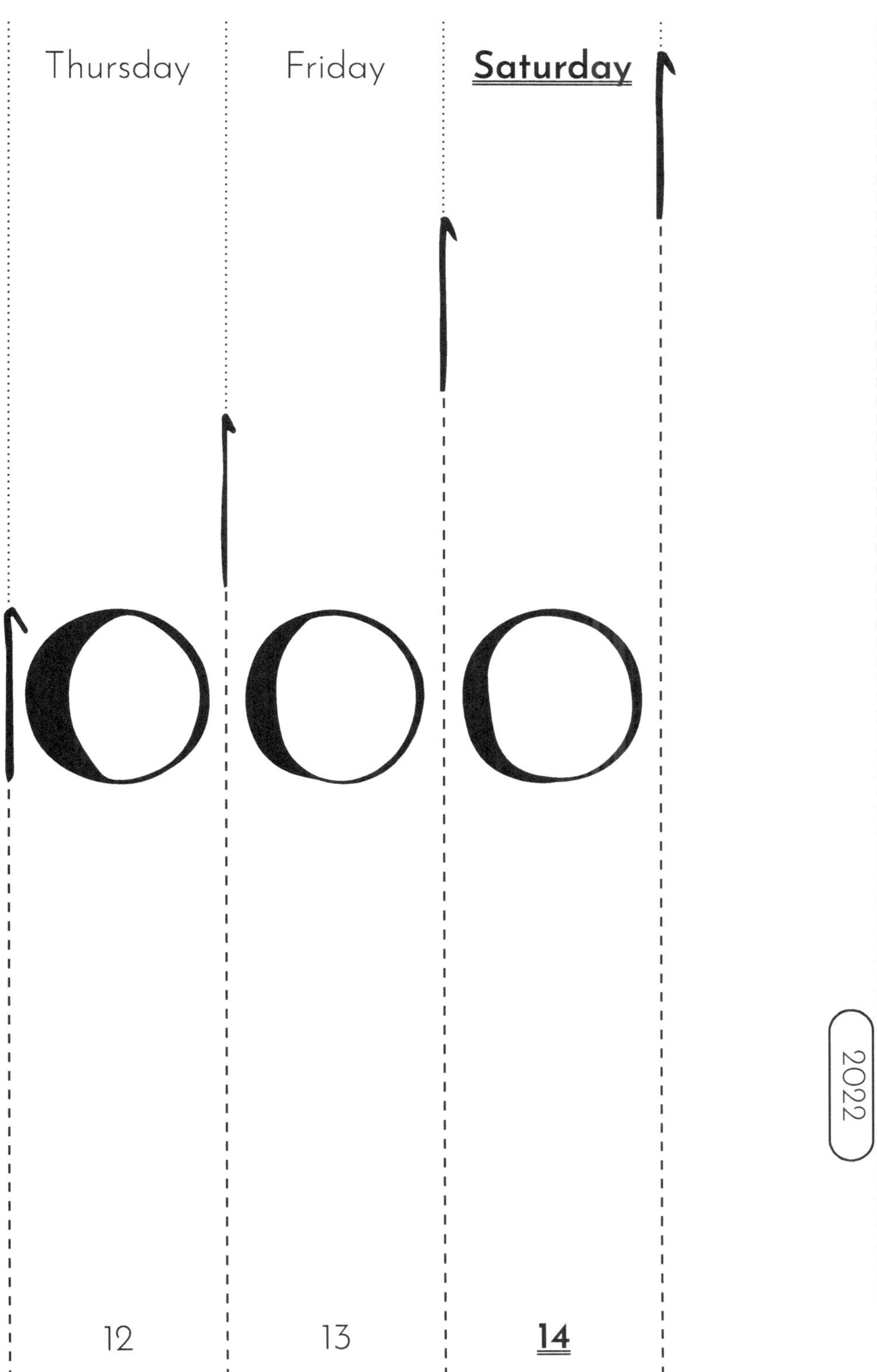

Thursday

Friday

<u>Saturday</u>

12

13

<u>14</u>

2022

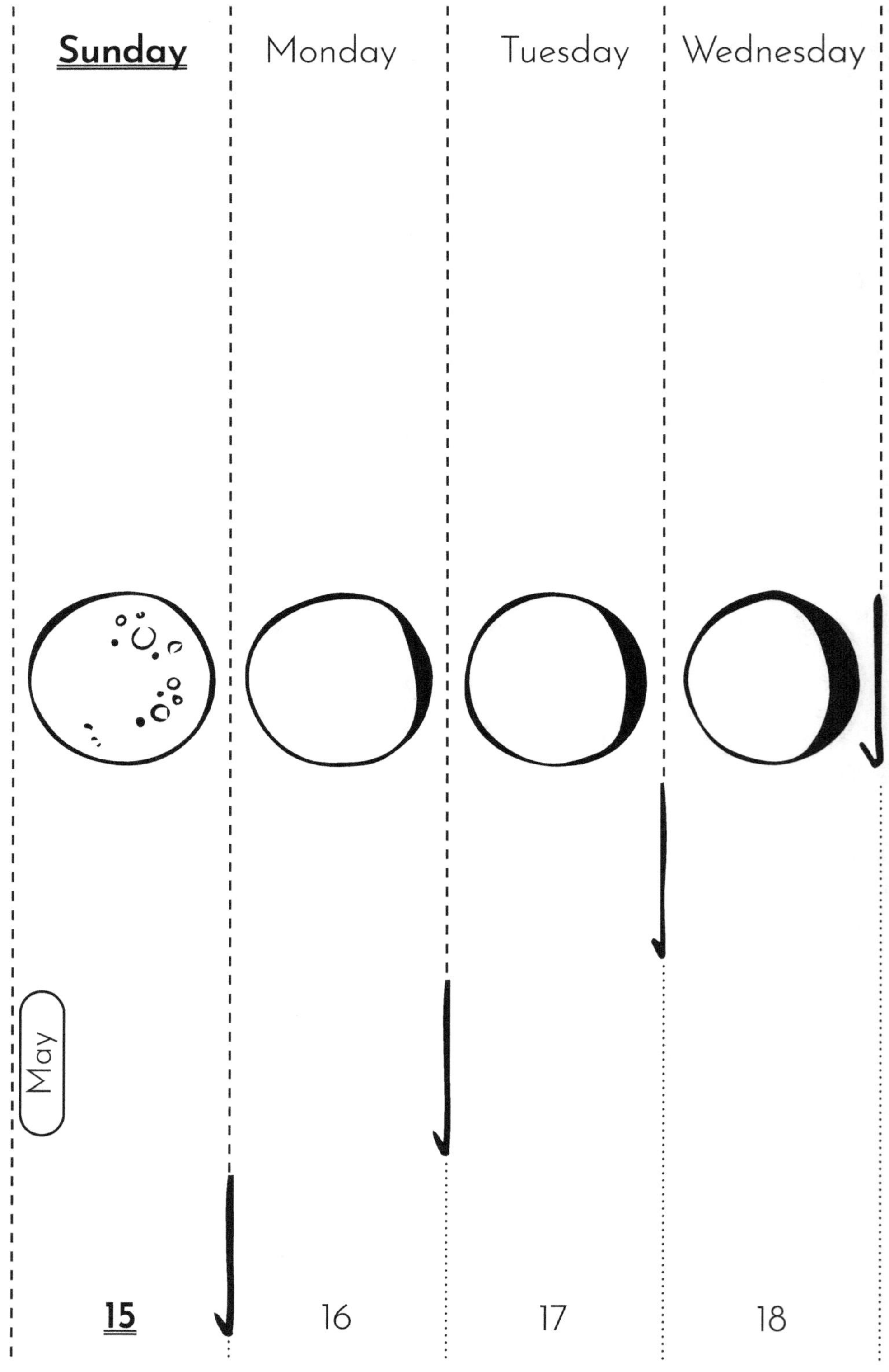

May
Sunday
Monday
Tuesday
Wednesday
15
16
17
18

Thursday	Friday	**<u>Saturday</u>**	

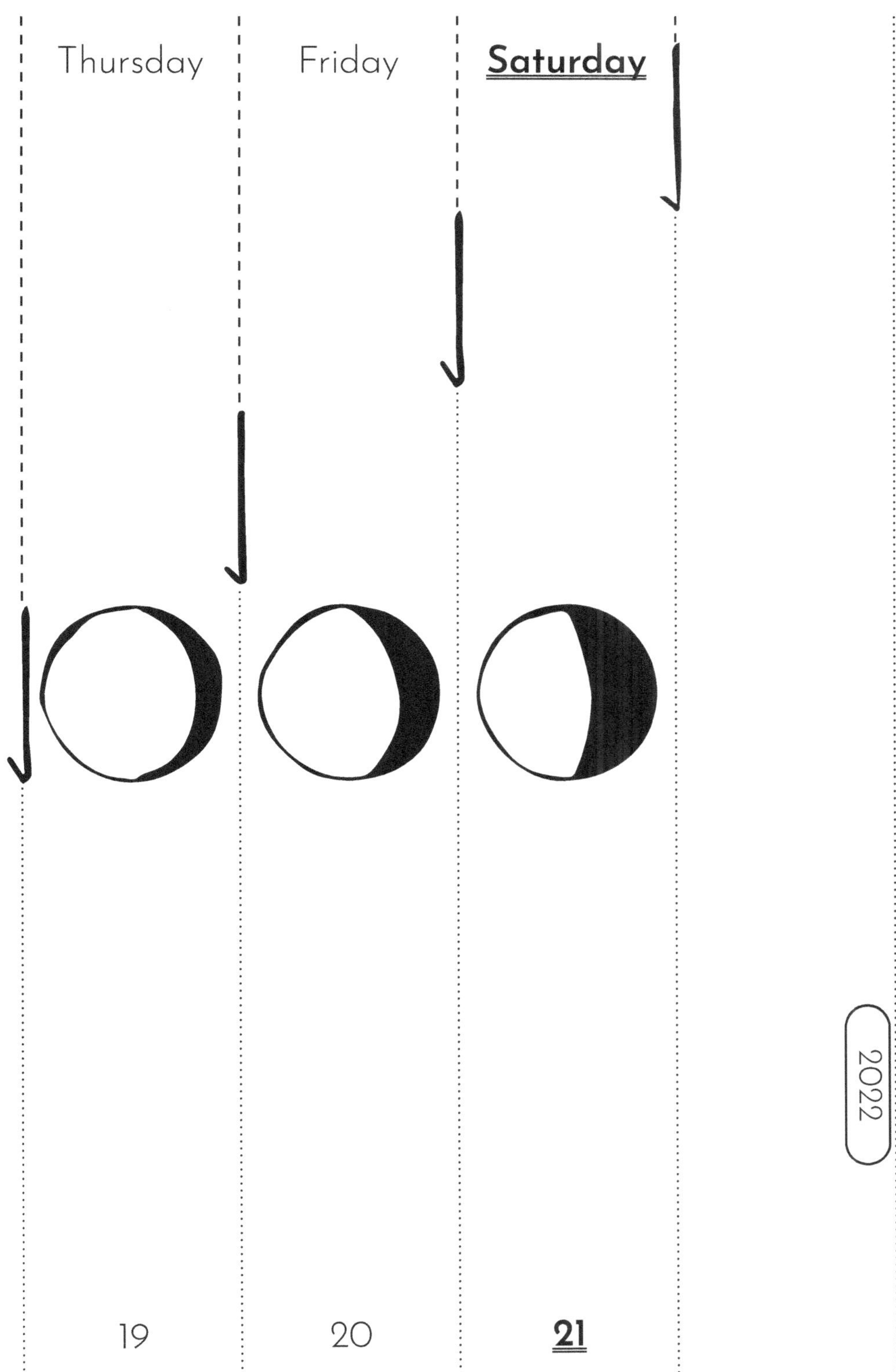

| 19 | 20 | **<u>21</u>** | 2022 |

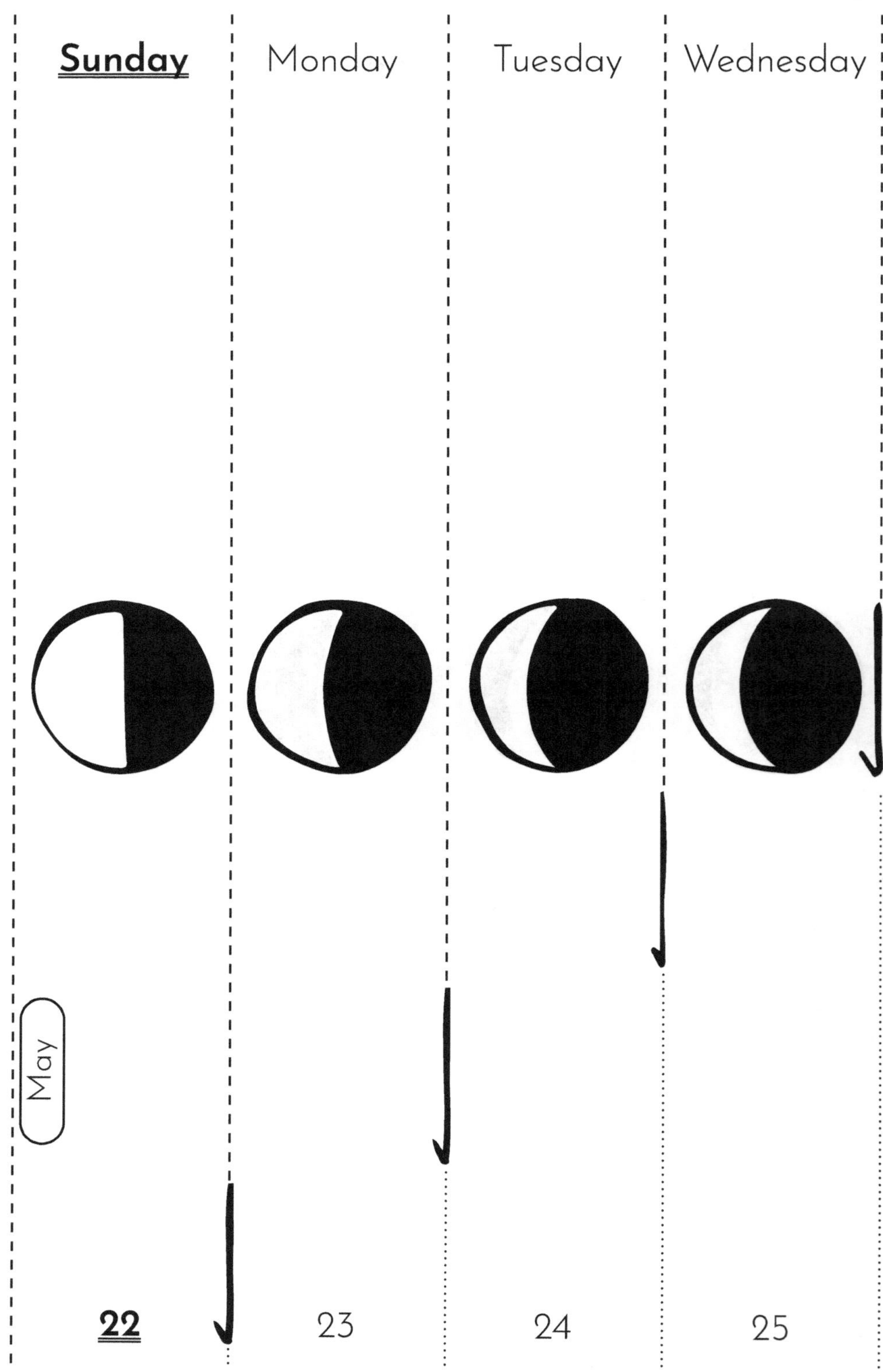

<u>Sunday</u>	Monday	Tuesday	Wednesday

May

<u>22</u> | 23 | 24 | 25

Thursday	Friday	<u>Saturday</u>	<u>Sunday</u>

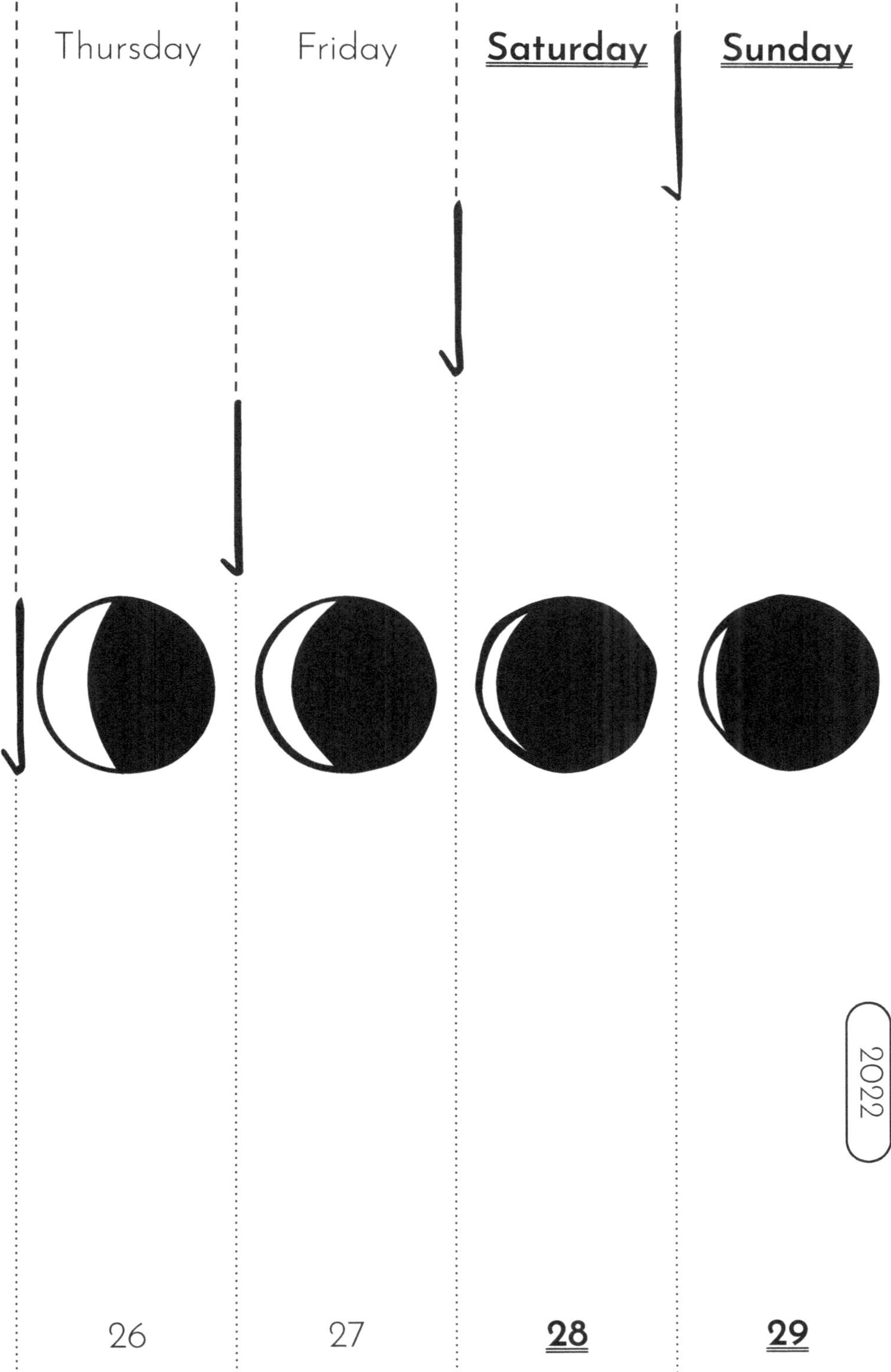

| 26 | 27 | <u>**28**</u> | <u>**29**</u> |

2022

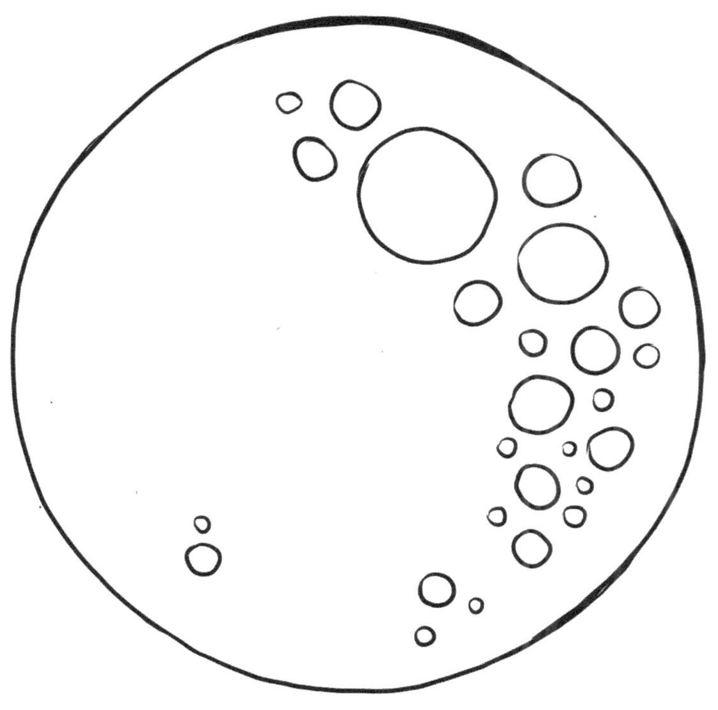

May 30-June 28

<u>**Sunday**</u>	Monday	Tuesday	Wednesday

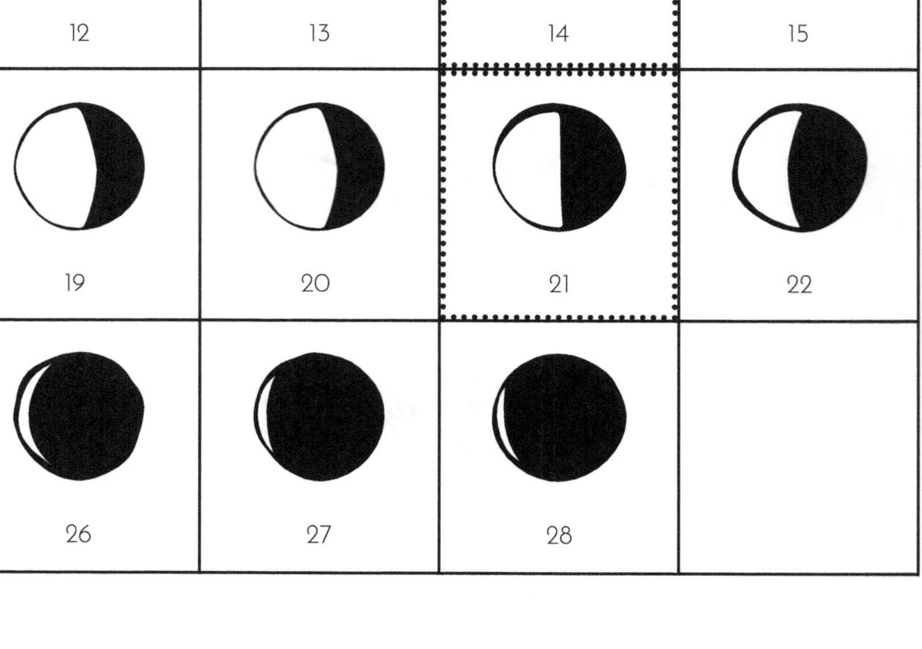

Thursday	Friday	<u>**Saturday**</u>
2	3	4
9	10	11
16	17	18
23	24	25

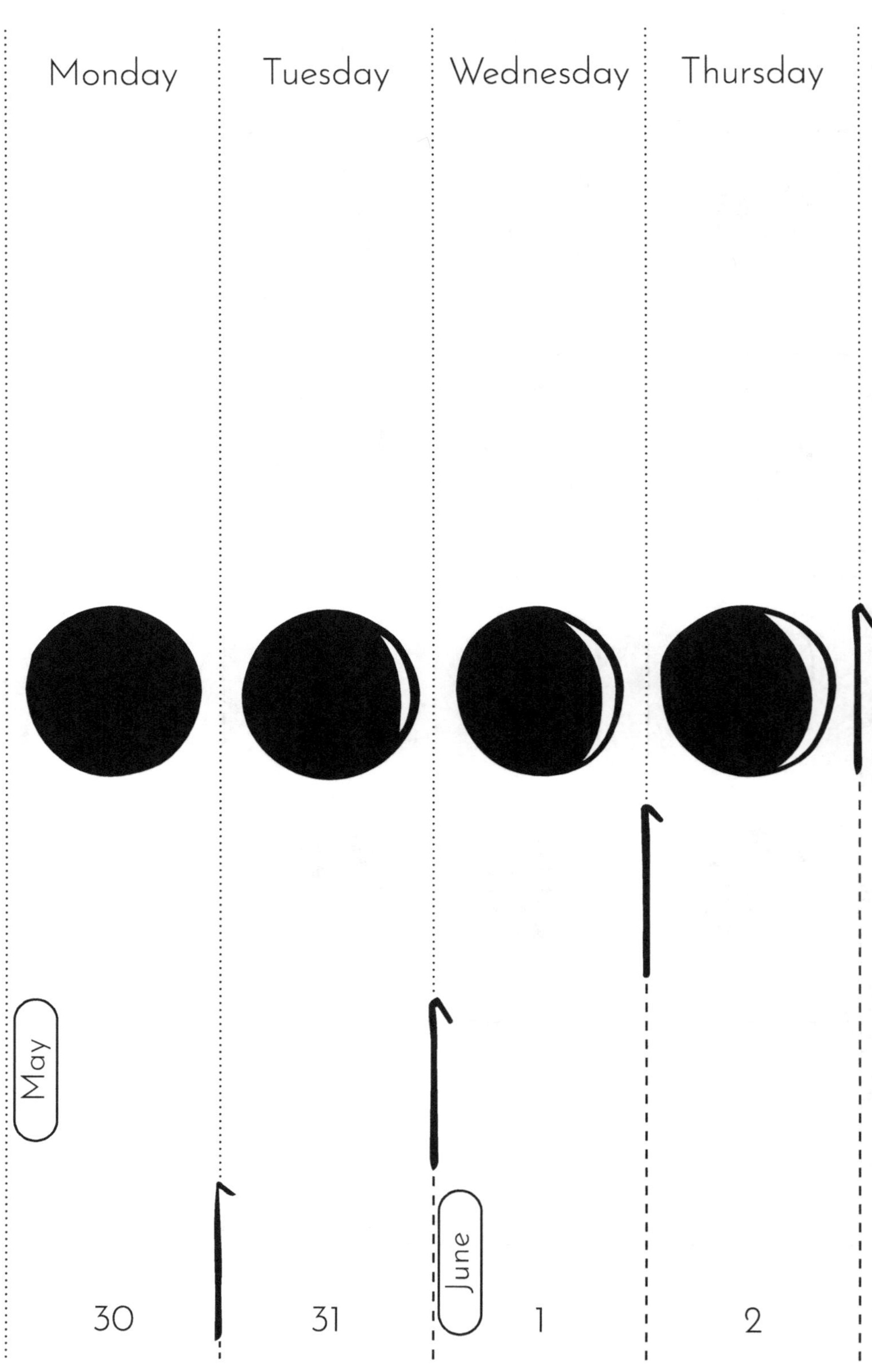

Monday
Tuesday
Wednesday
Thursday
May
June
30
31
1
2

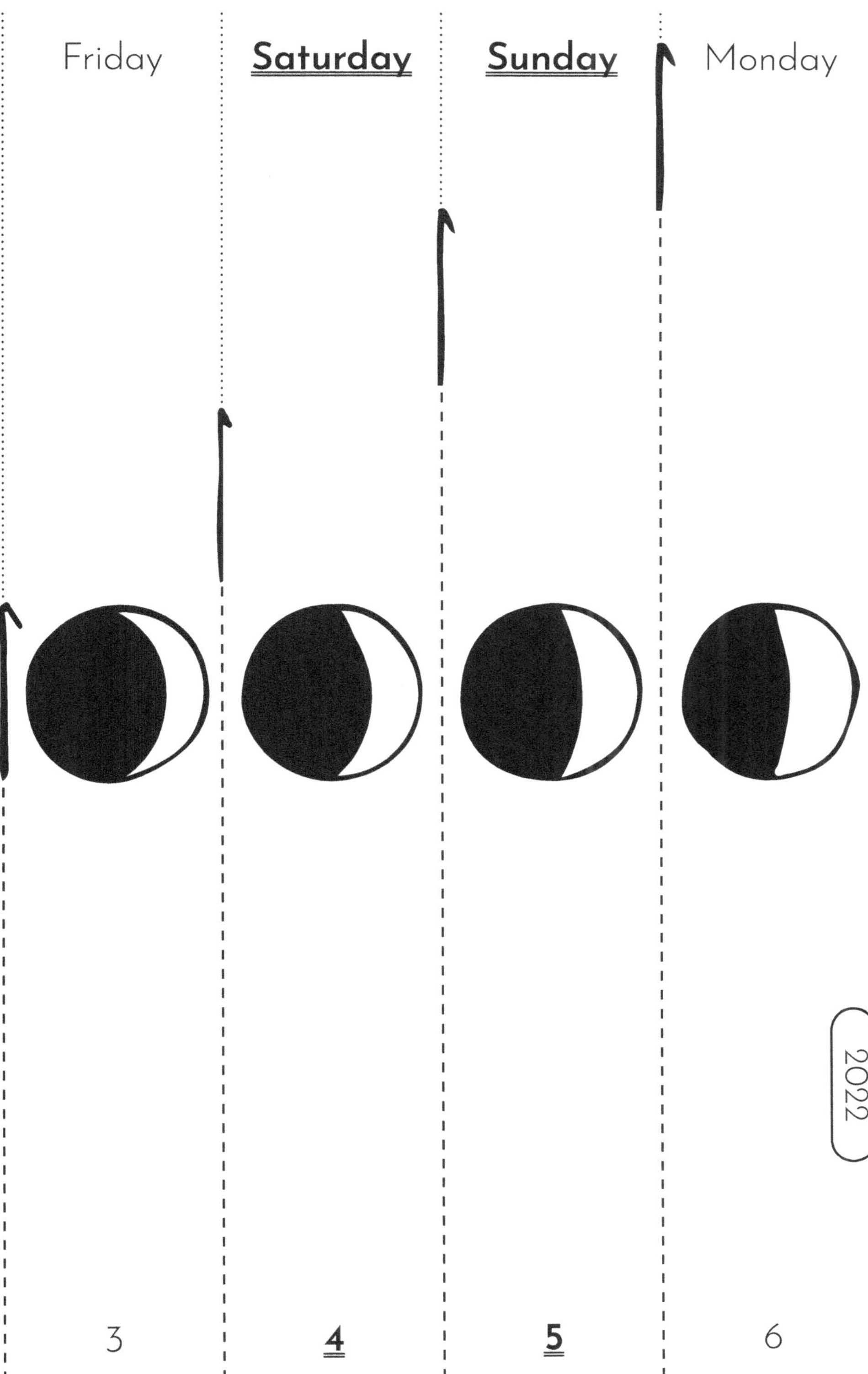

Friday	**<u>Saturday</u>**	**<u>Sunday</u>**	Monday
3	**<u>4</u>**	**<u>5</u>**	6

2022

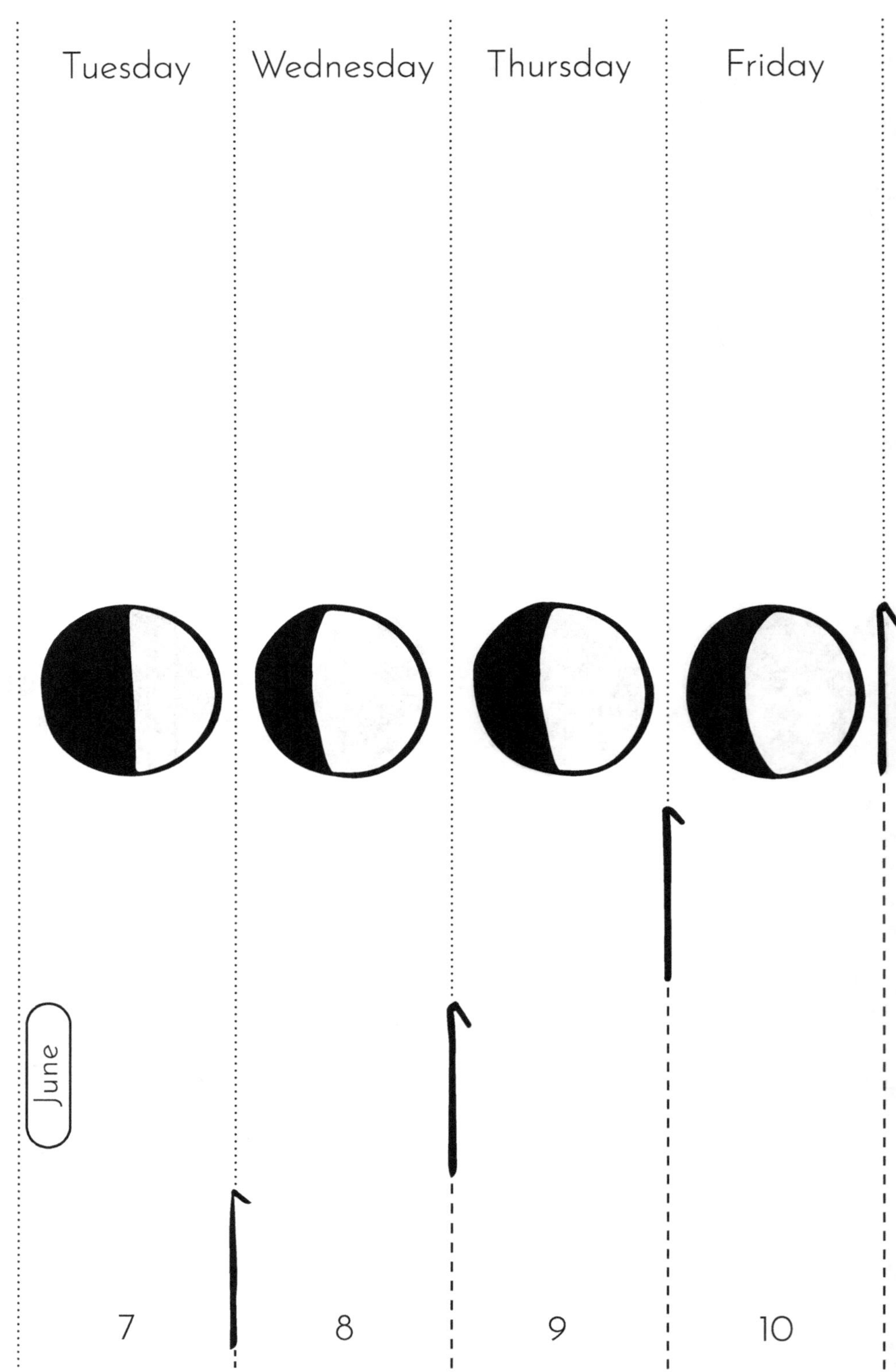

Tuesday
Wednesday
Thursday
Friday
June
7
8
9
10

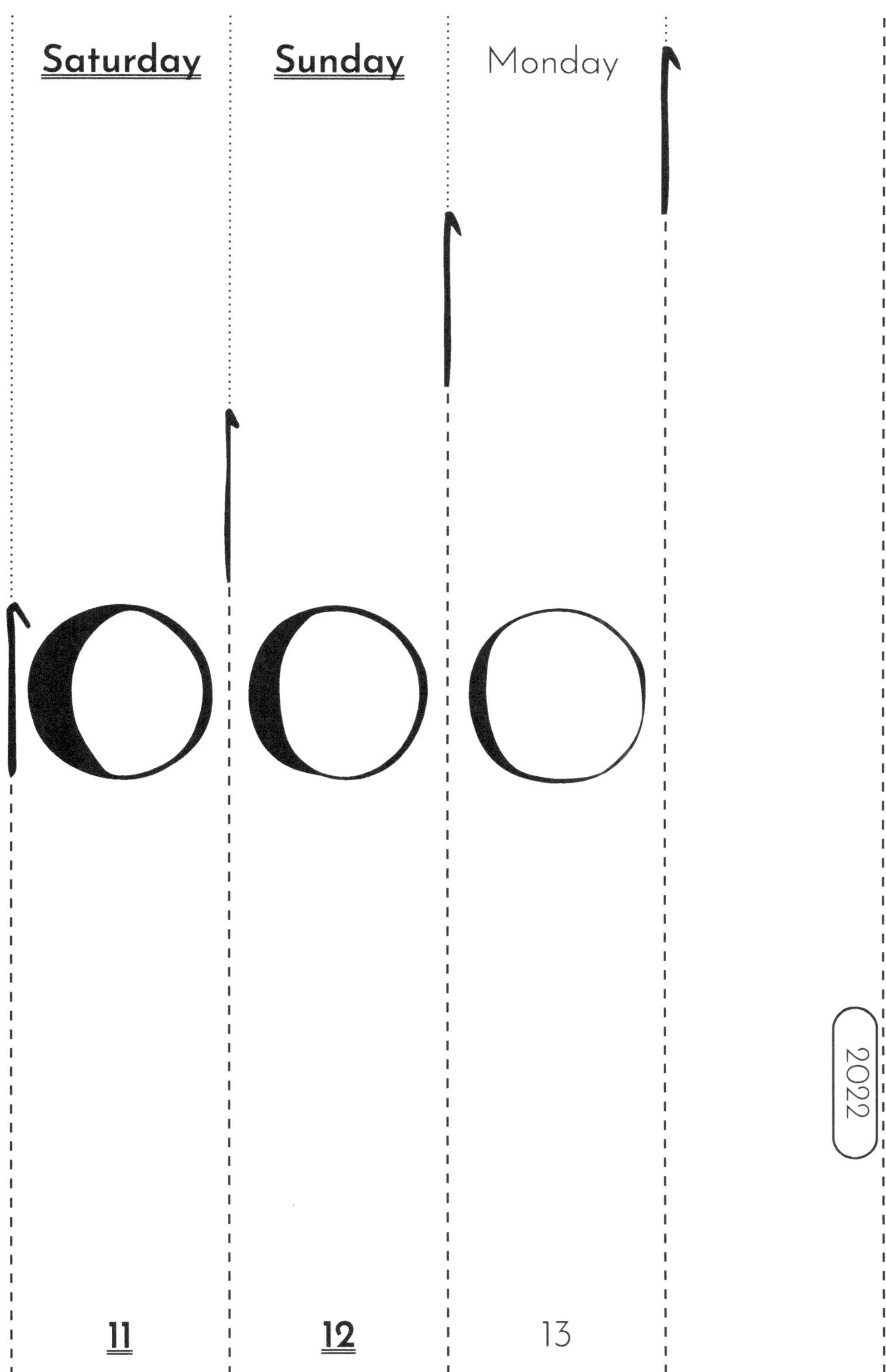

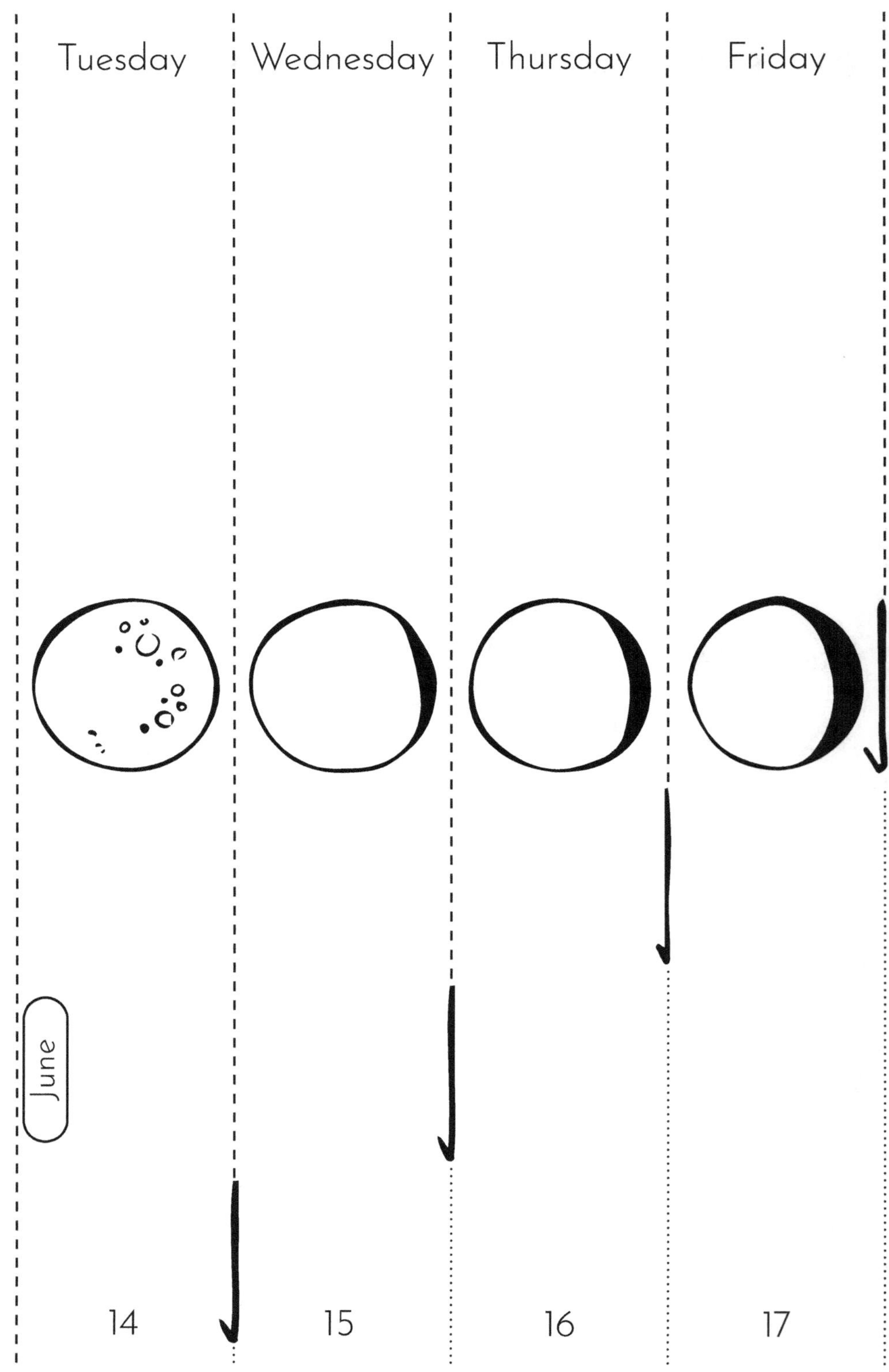

Tuesday
Wednesday
Thursday
Friday
June
14
15
16
17

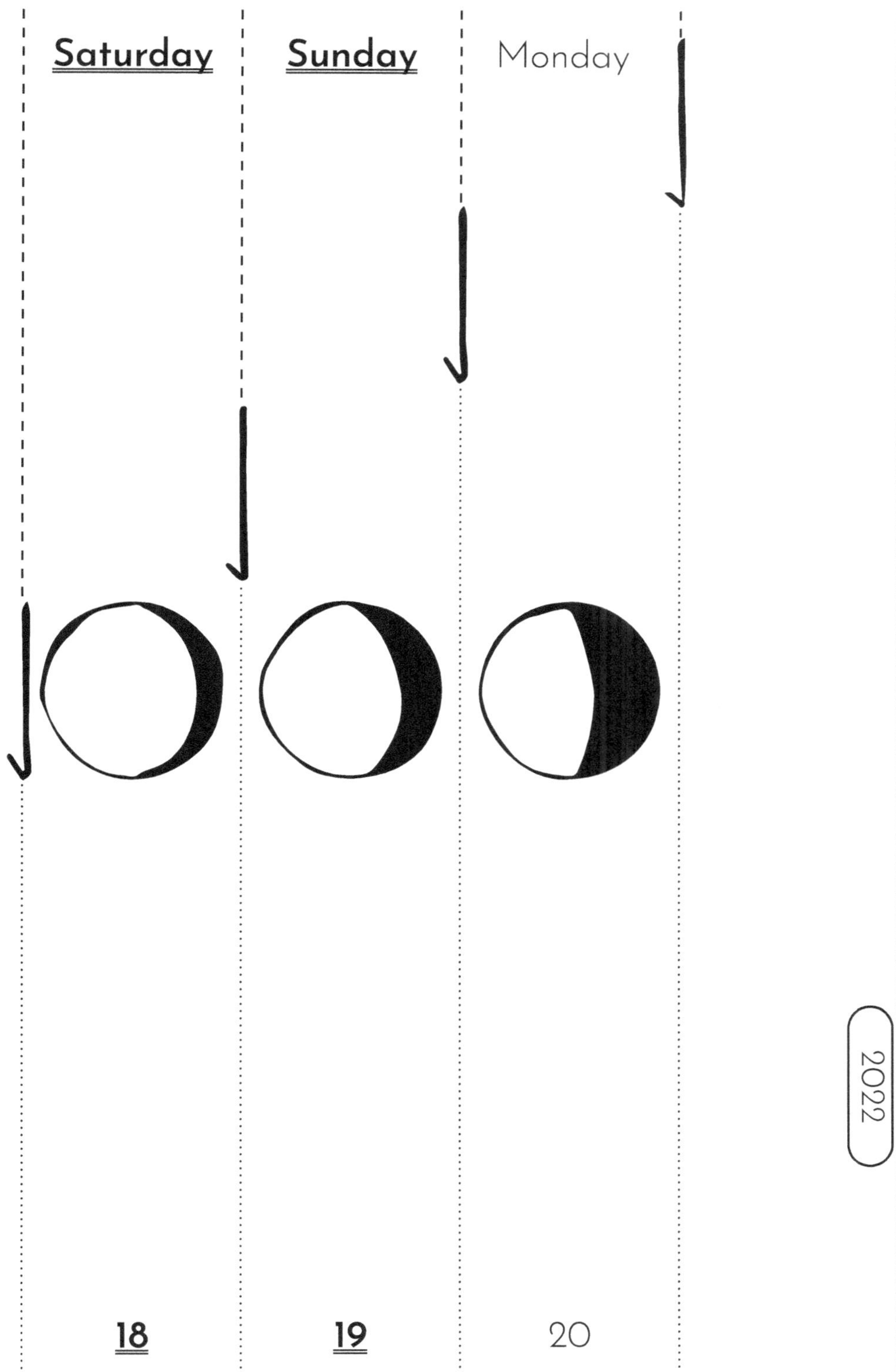

Saturday
Sunday
Monday
18
19
20
2022

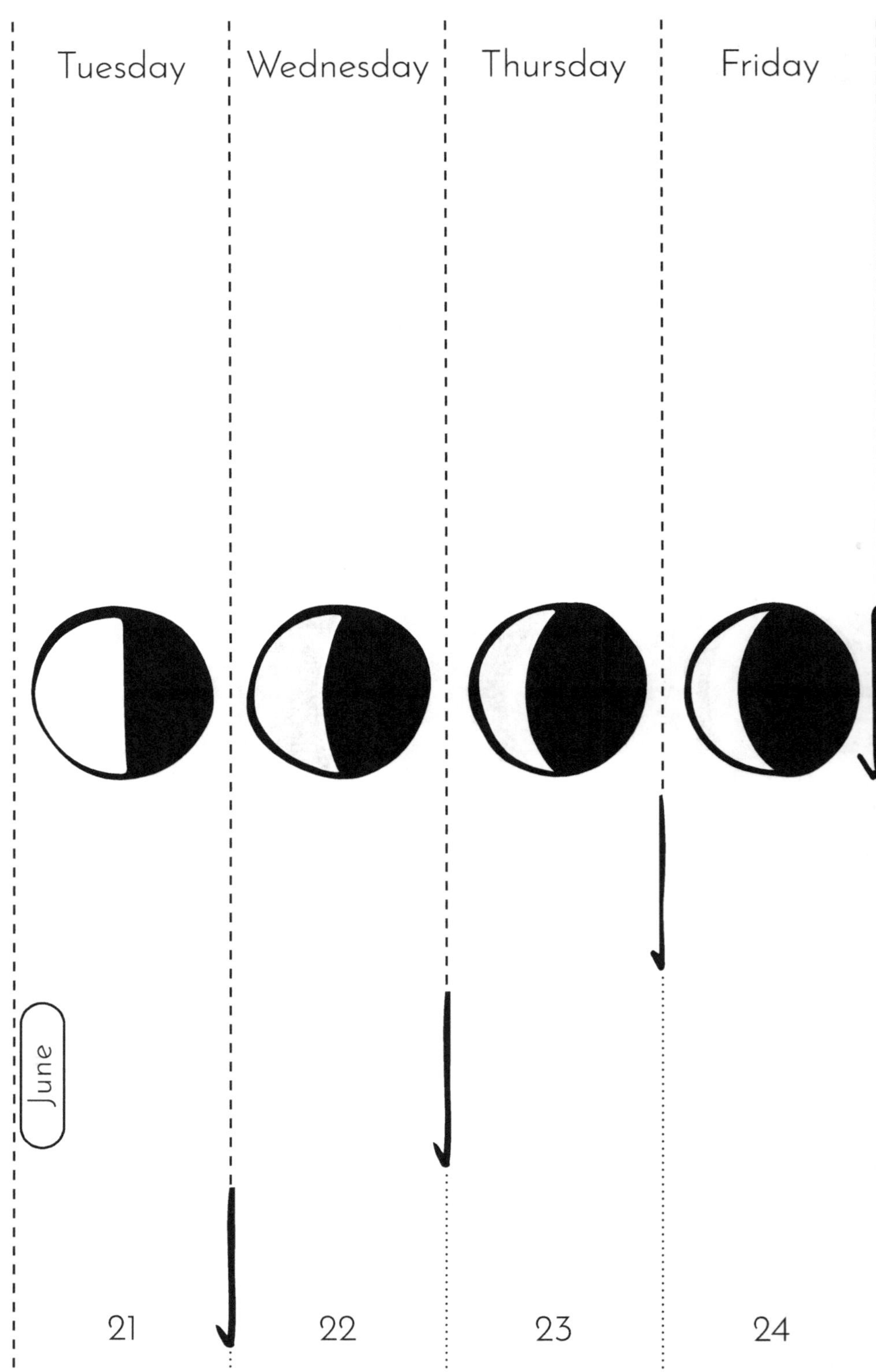

Tuesday
Wednesday
Thursday
Friday
June
21
22
23
24

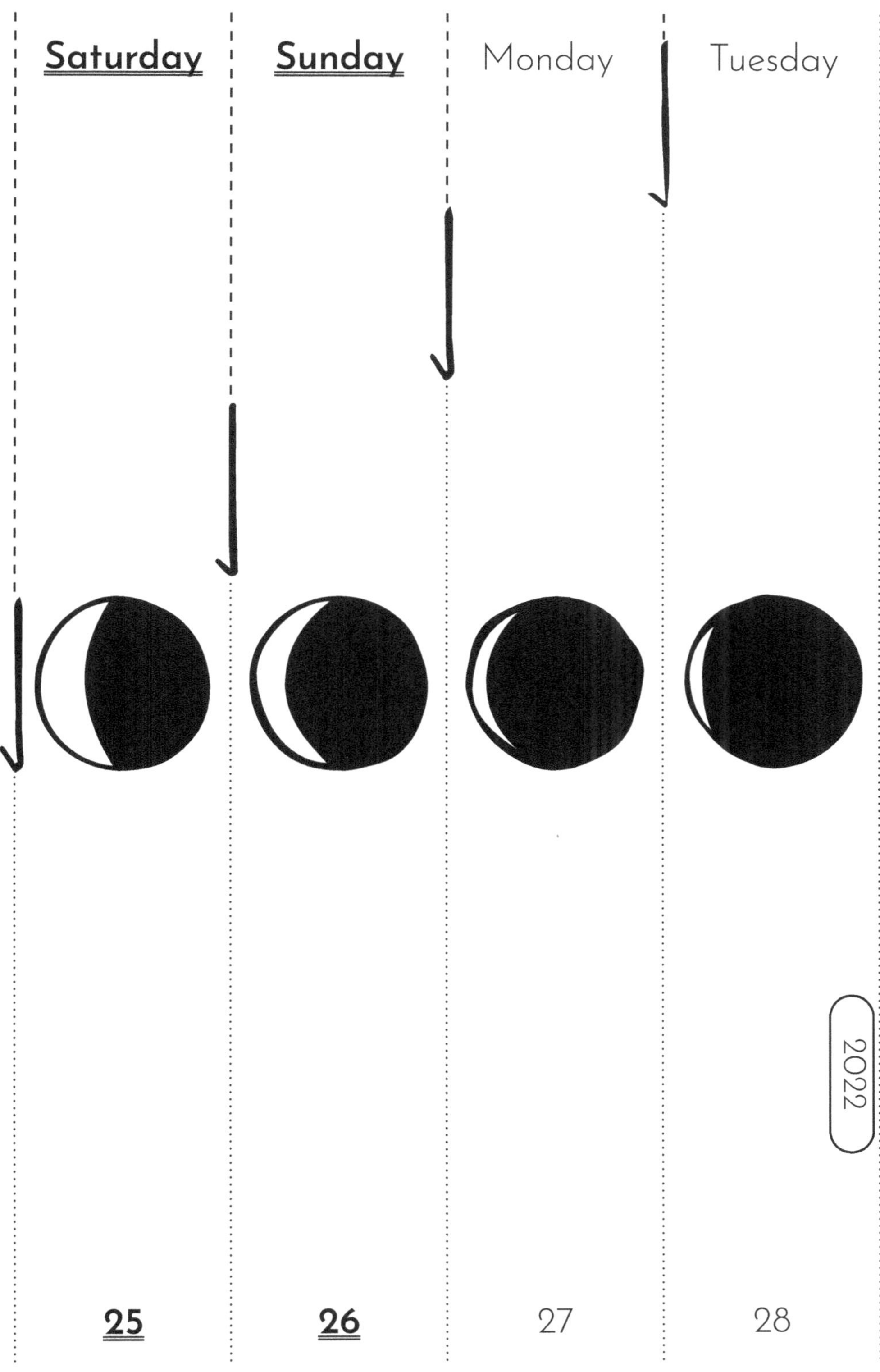

Saturday	Sunday	Monday	Tuesday
25	**26**	27	28

2022

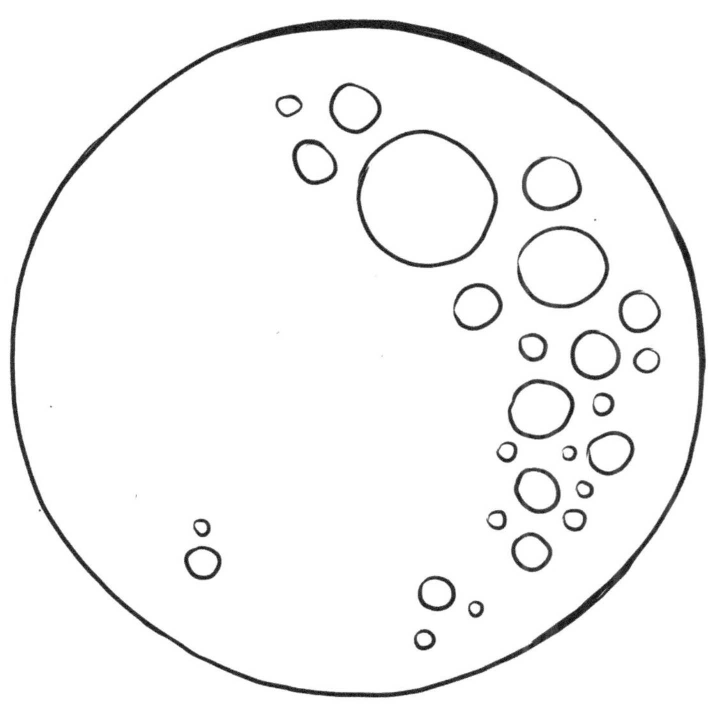

June 29-July 27

<u>**Sunday**</u> | Monday | Tuesday | Wednesday

			June 29
3	4	5	6
10	11	12	13
17	18	19	20
24	25	26	27

Thursday	Friday	**<u>Saturday</u>**
 30	July 1	 2
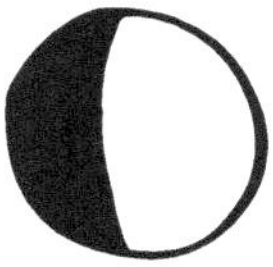 7	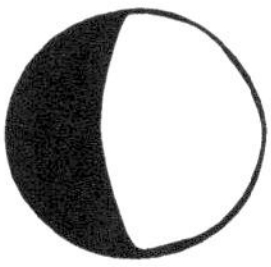 8	 9
 14	 15	 16
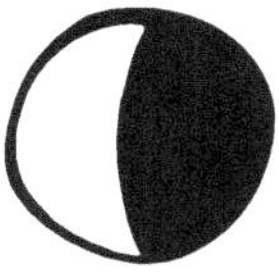 21	 22	 23

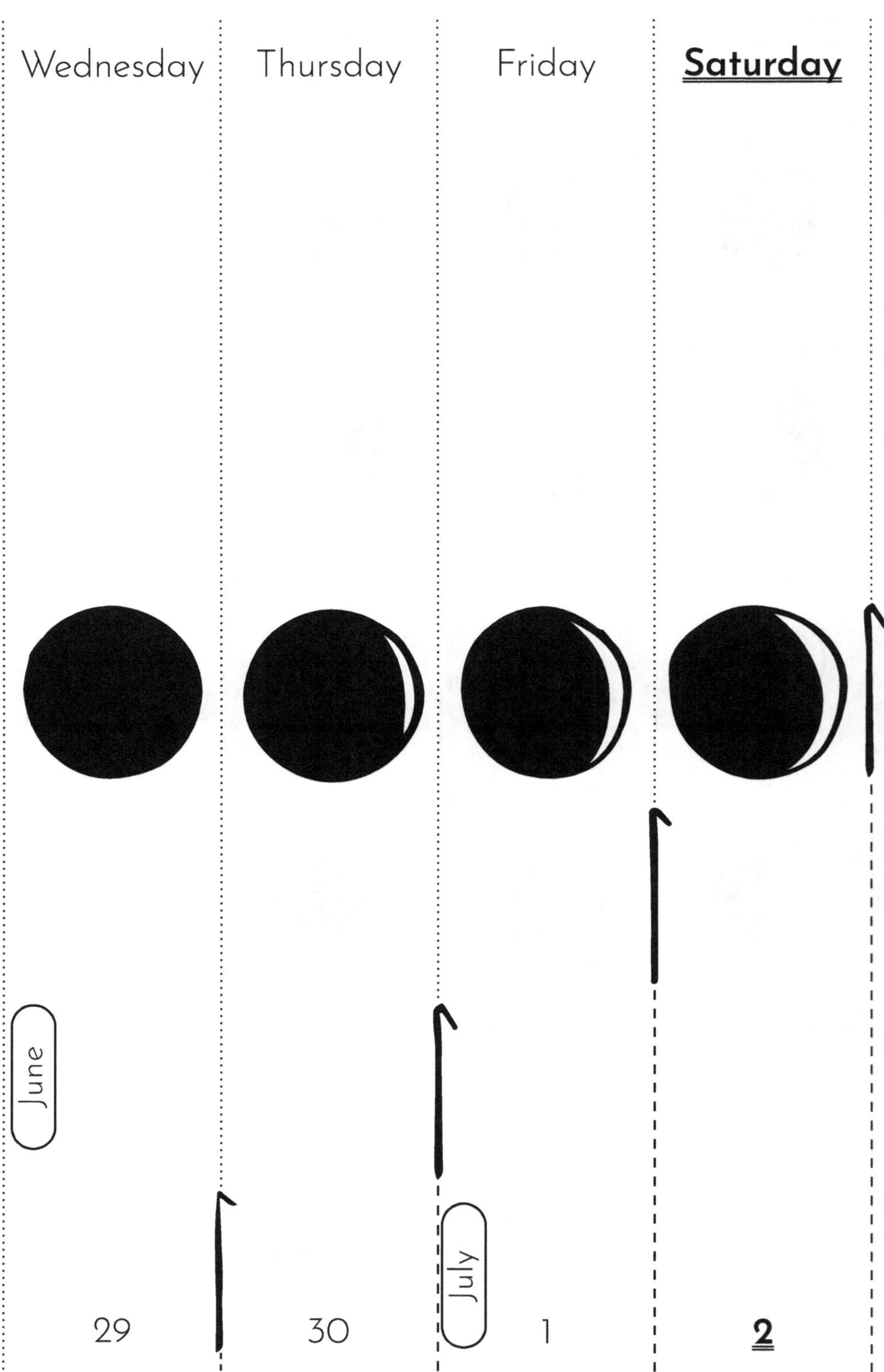

Wednesday	Thursday	Friday	**<u>Saturday</u>**
			2

June

July

| 29 | 30 | 1 | **<u>2</u>** |

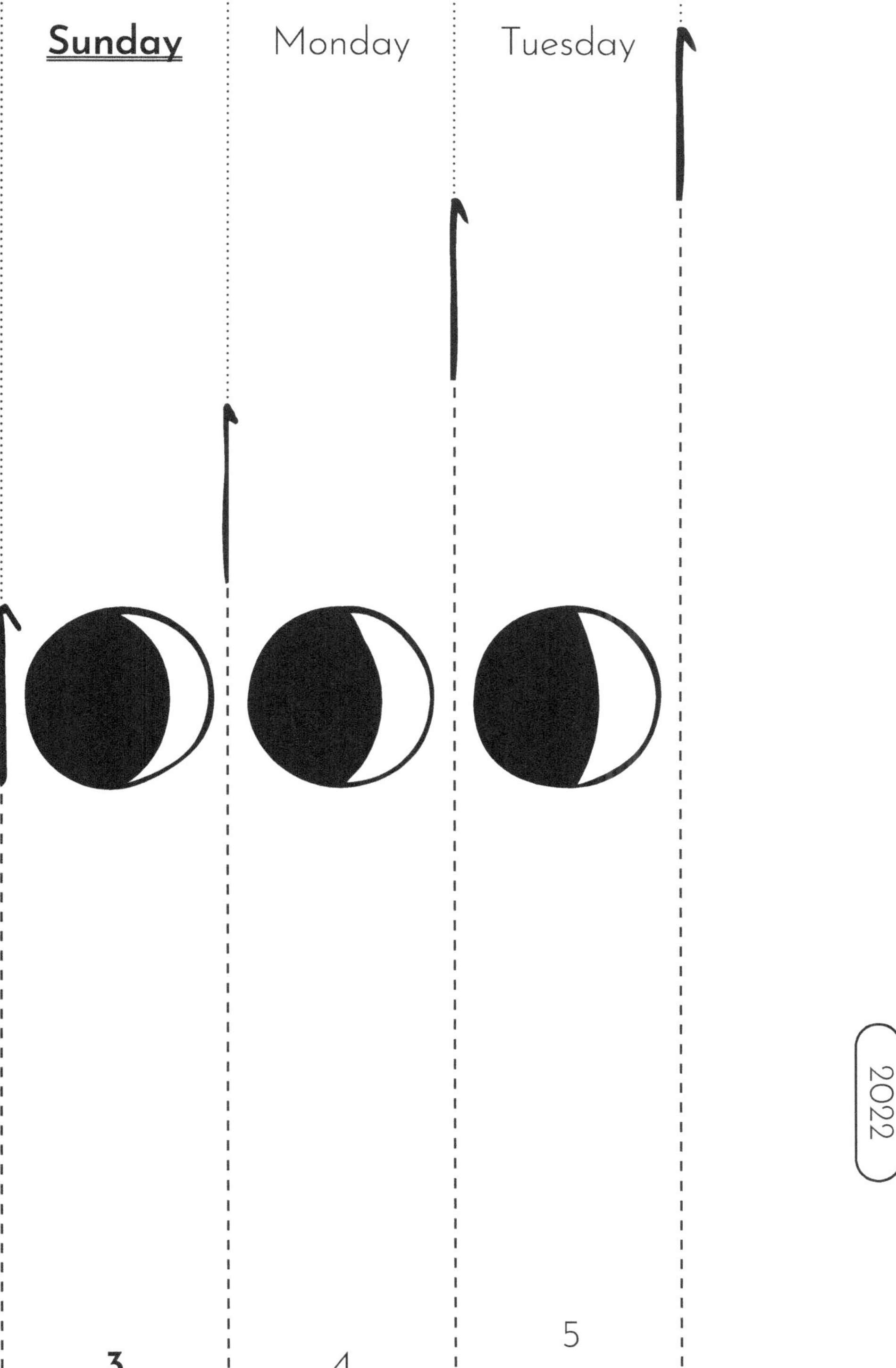

<u>**3**</u>

4

5

2022

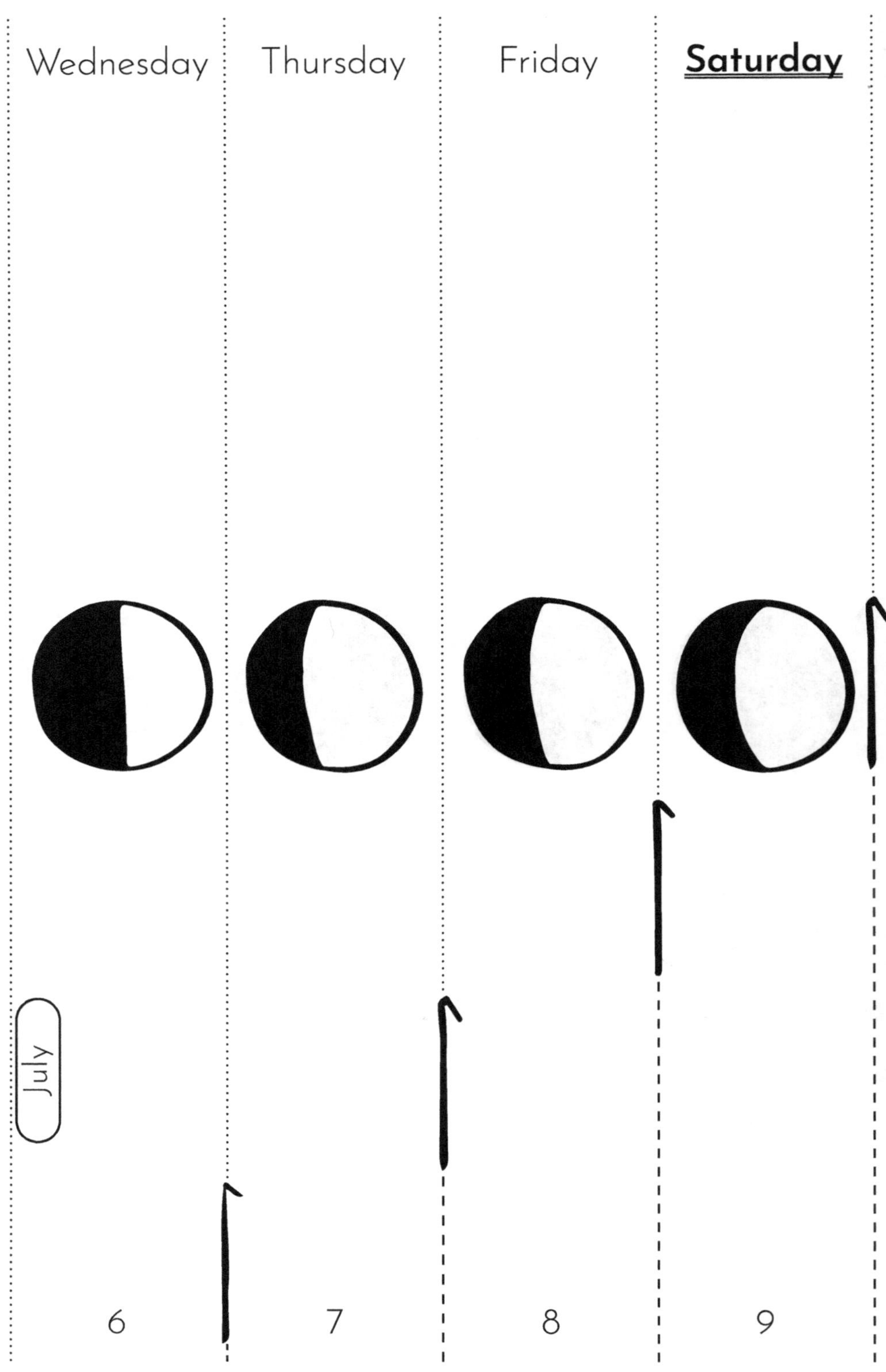

Wednesday	Thursday	Friday	**<u>Saturday</u>**
July			
6	7	8	9

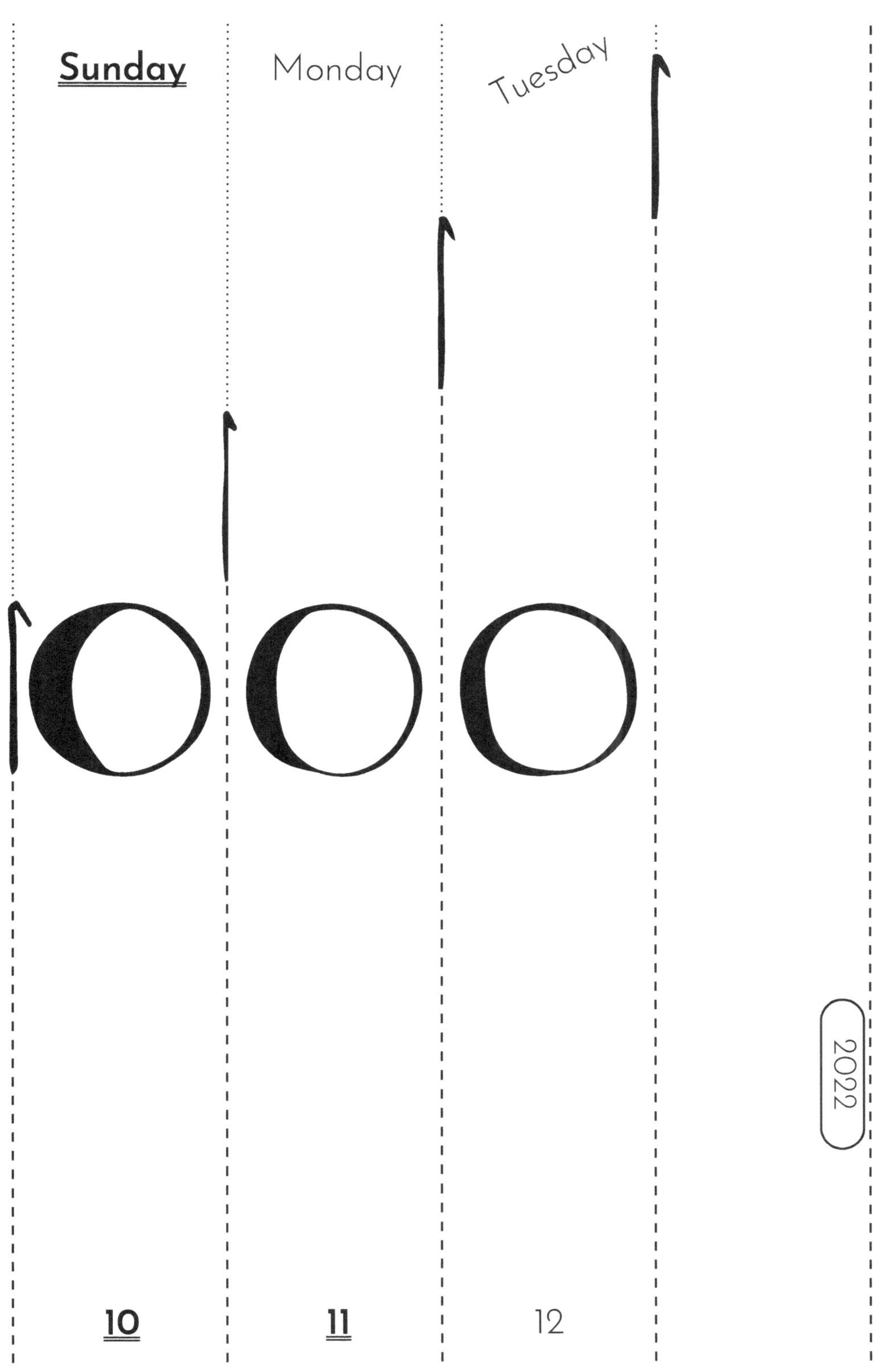

Sunday
Monday
Tuesday
10
11
12
2022

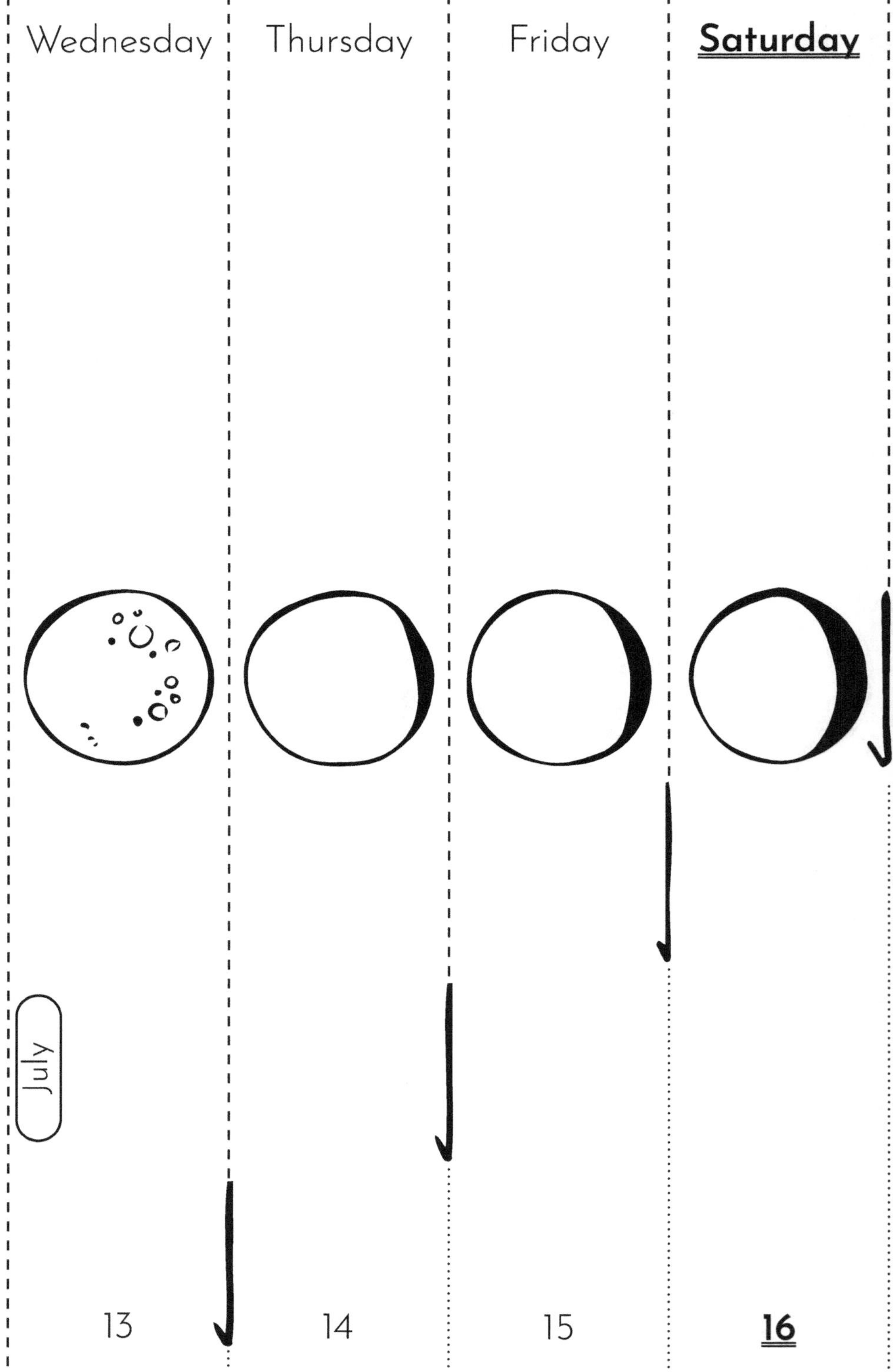

Wednesday	Thursday	Friday	**<u>Saturday</u>**
July			
13	14	15	**<u>16</u>**

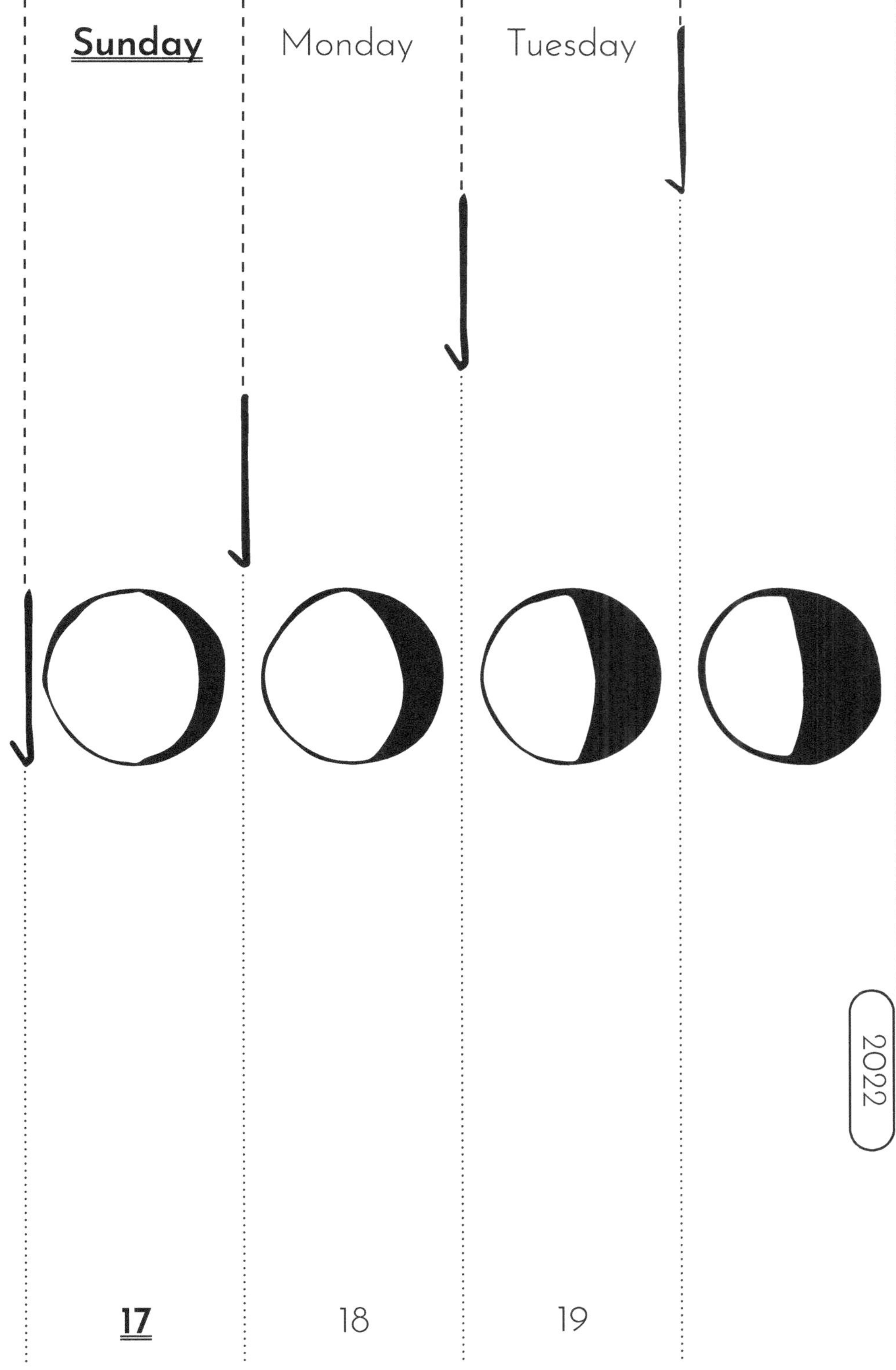

Sunday
Monday
Tuesday
17
18
19
2022

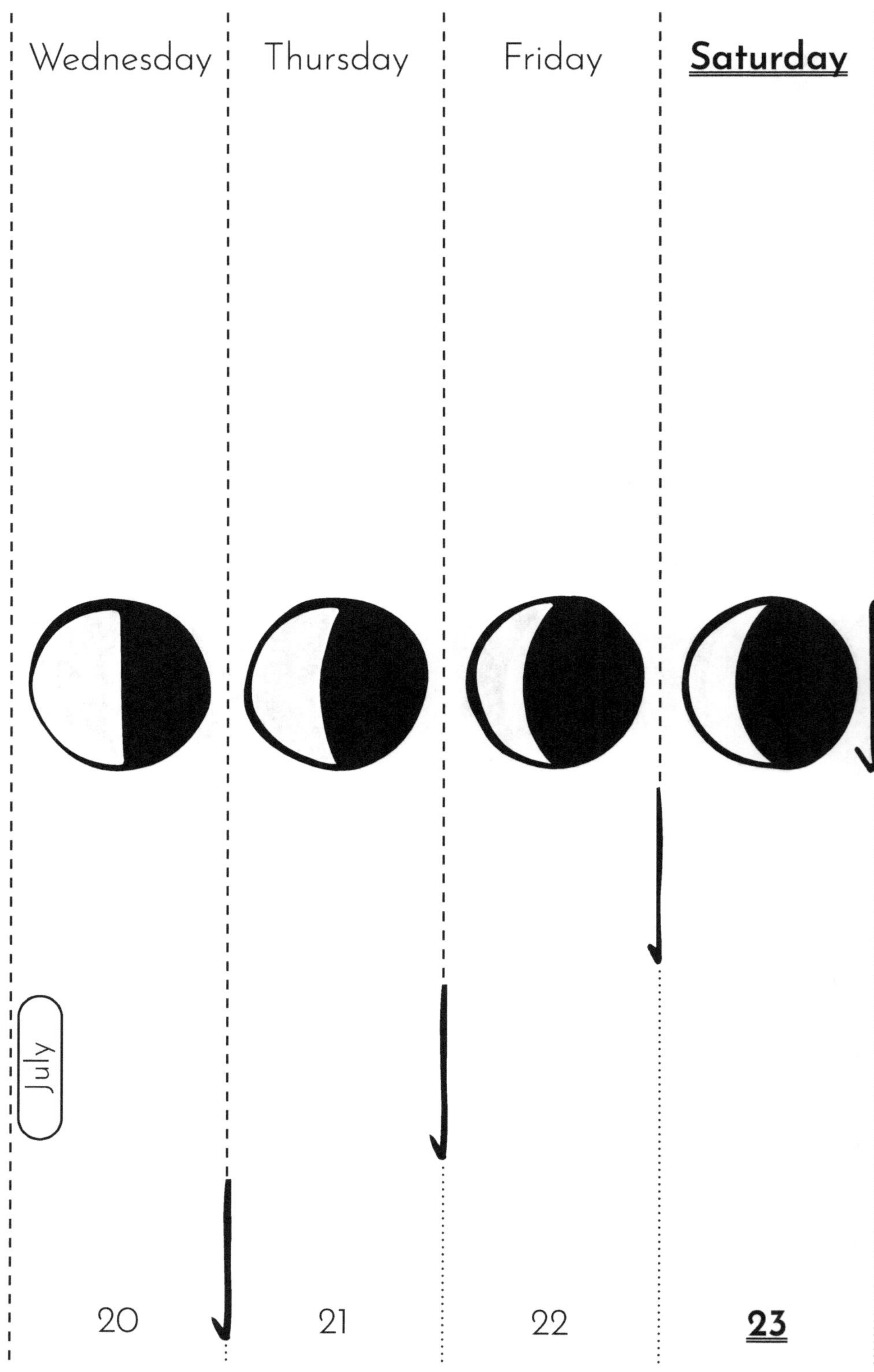

Wednesday
Thursday
Friday
Saturday
July
20
21
22
23

<u>**Sunday**</u> | Monday | Tuesday | Wednesday

<u>24</u> | 25 | 26 | 27

2022

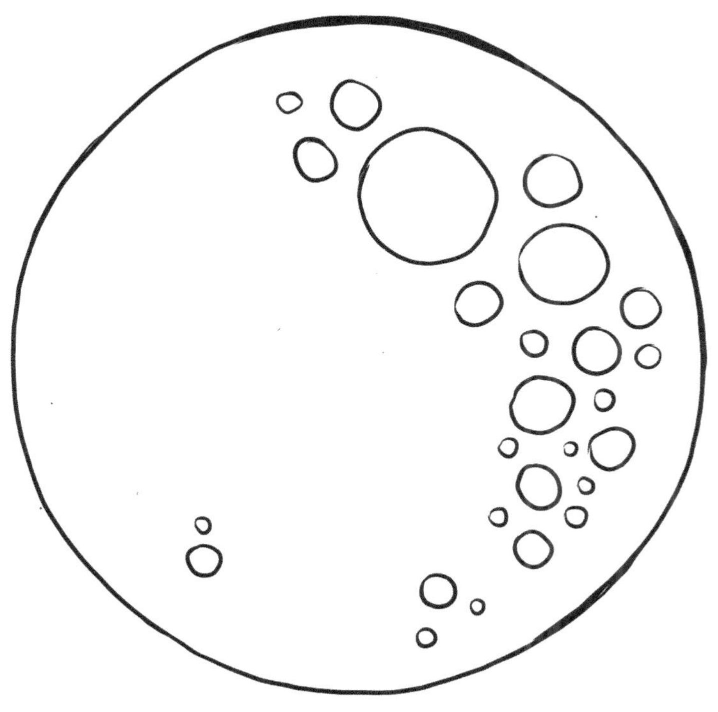

July 28-August 26

Sunday	Monday	Tuesday	Wednesday
 31	 August 1	 2	 3
 7	 8	 9	 10
 14	 15	 16	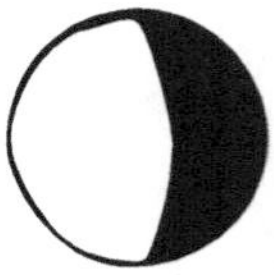 17
 21	 22	 23	 24

Thursday	Friday	**<u>Saturday</u>**
July 28	29	30
4	5	6
11	12	13
18	19	20
25	26	

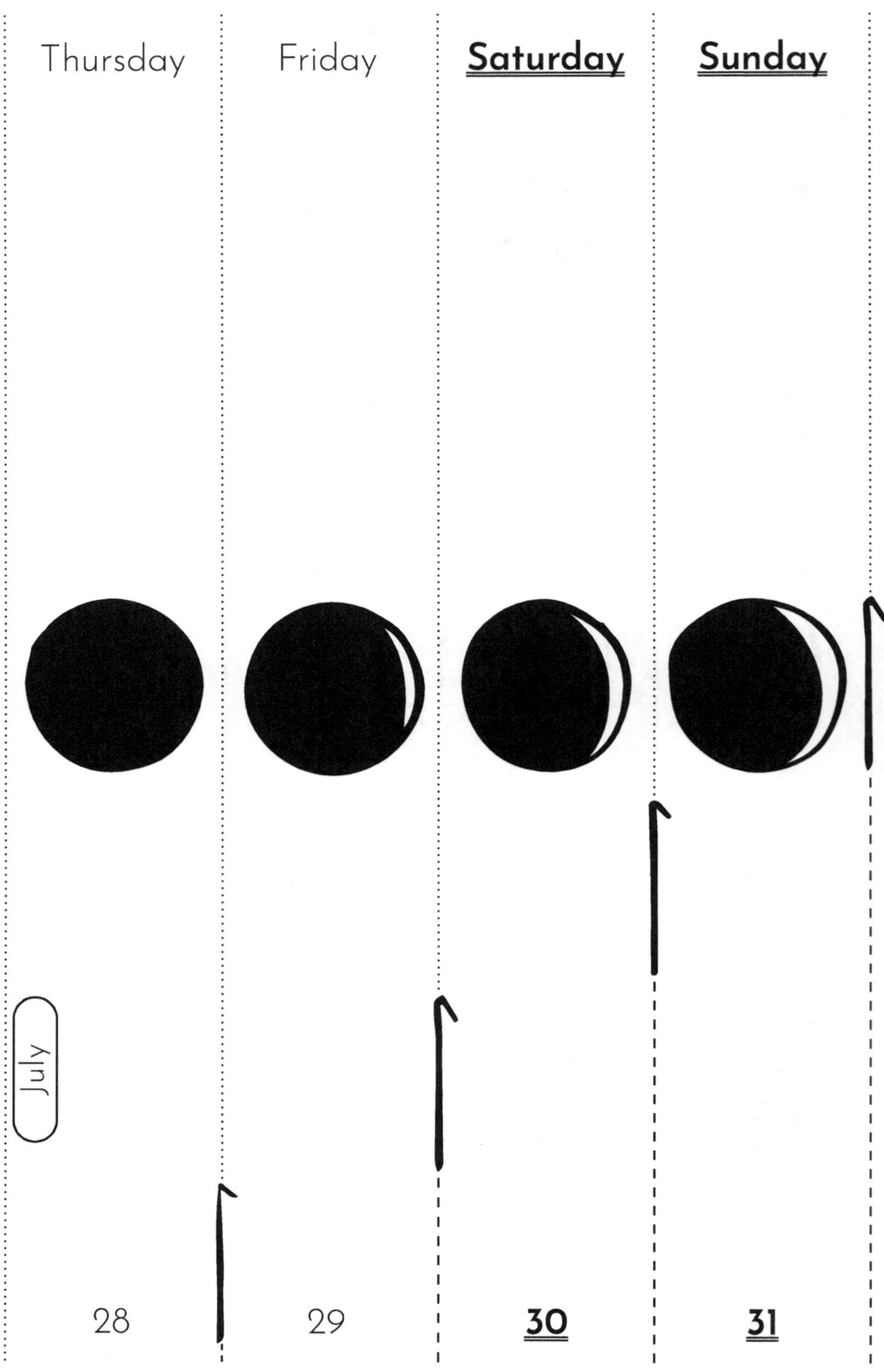

Thursday	Friday	**<u>Saturday</u>**	**<u>Sunday</u>**
28	29	**<u>30</u>**	**<u>31</u>**

July

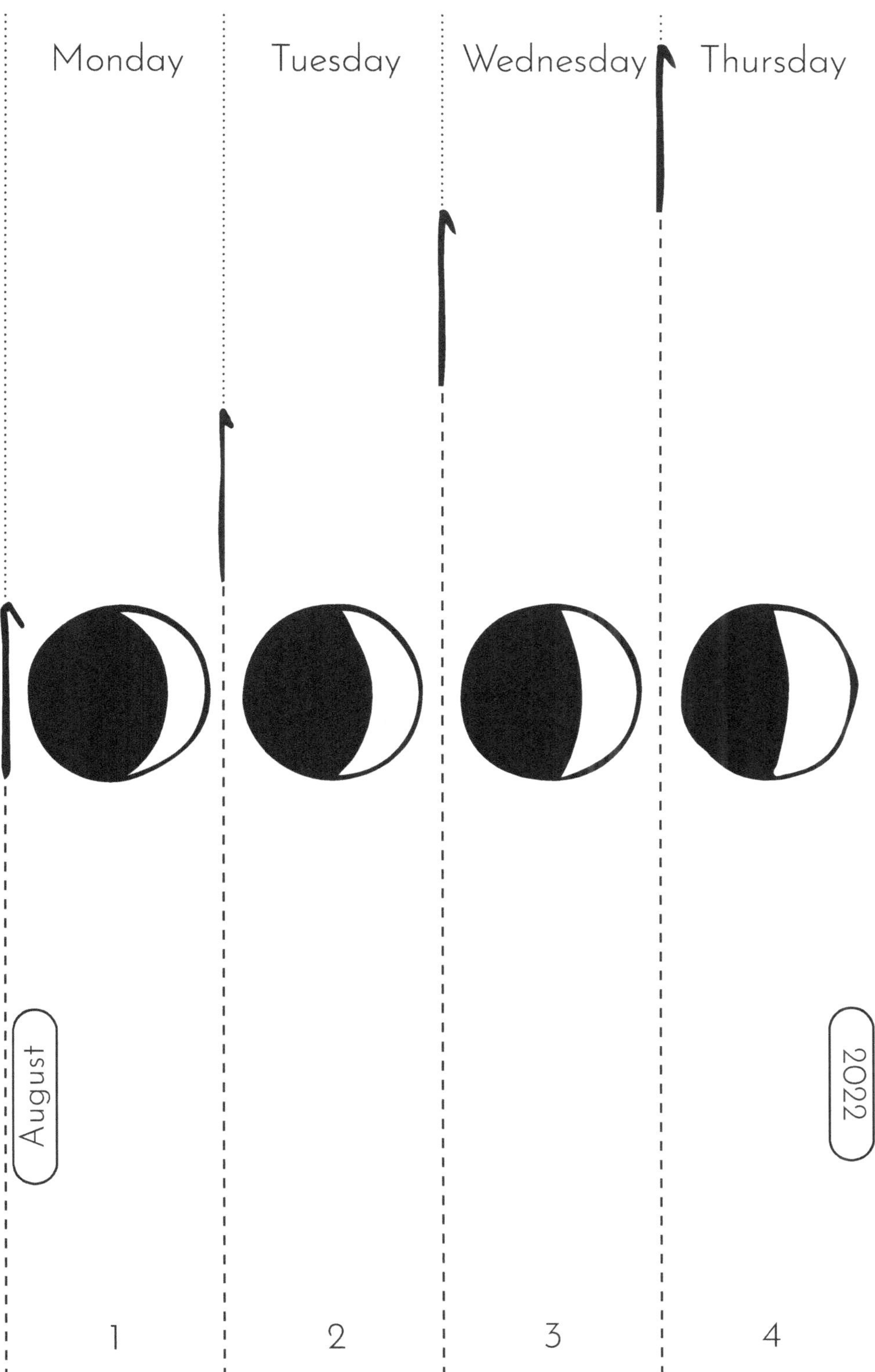

Monday
Tuesday
Wednesday
Thursday
August
2022
1
2
3
4

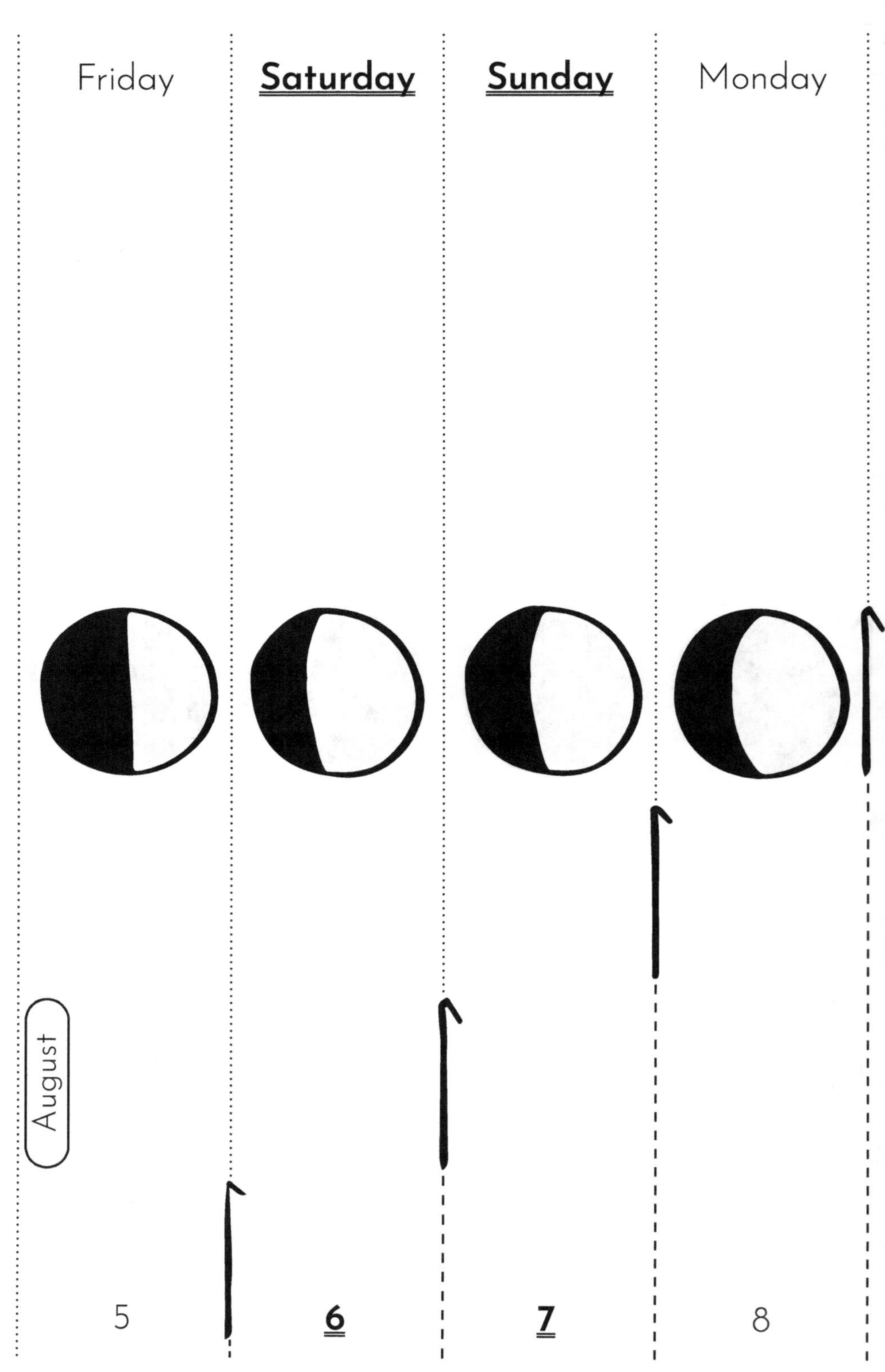

Friday
Saturday
Sunday
Monday
August
5
6
7
8

Tuesday
Wednesday
Thursday
9
10
11
2022

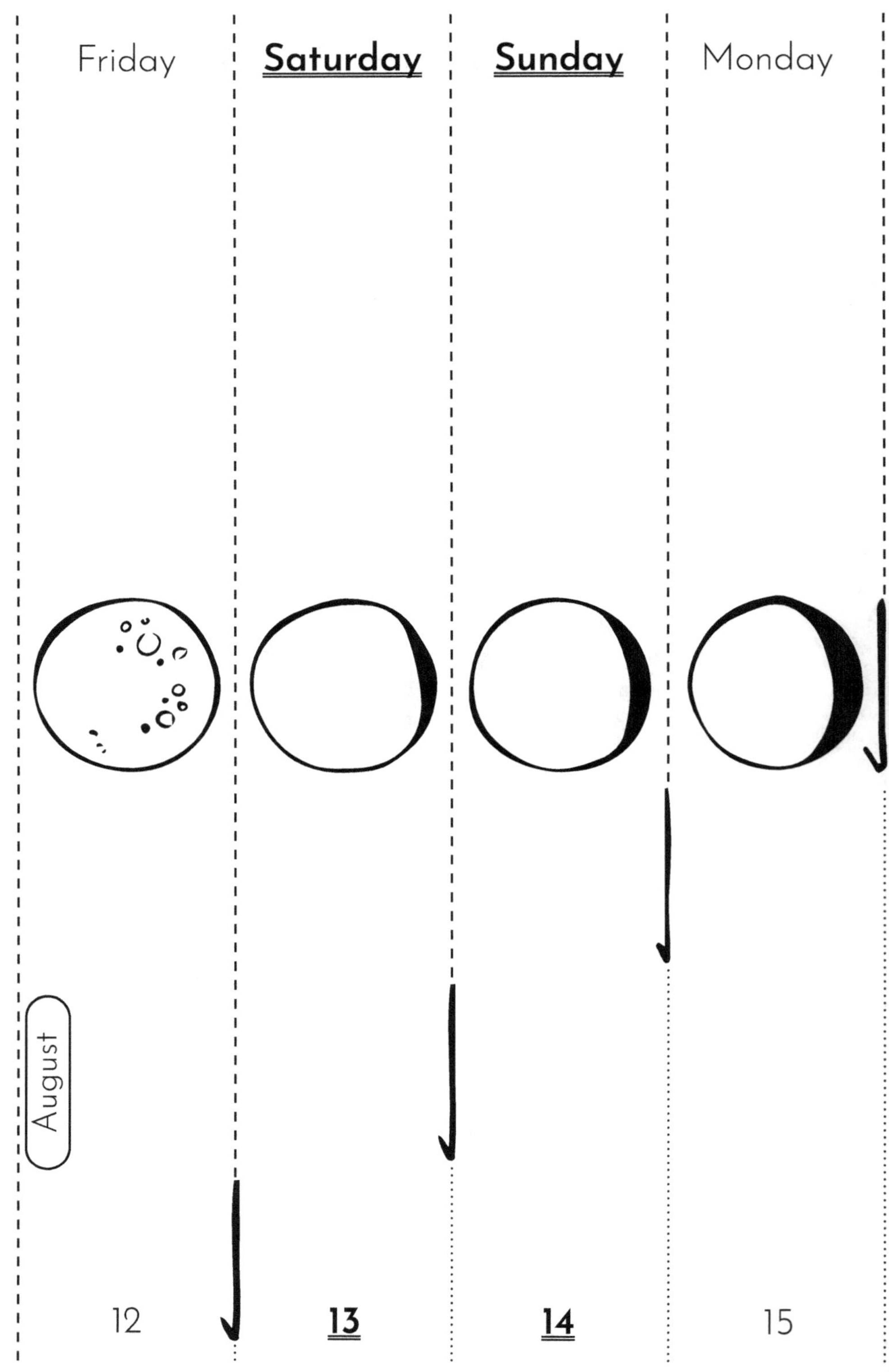

Friday
Saturday
Sunday
Monday
August
12
13
14
15

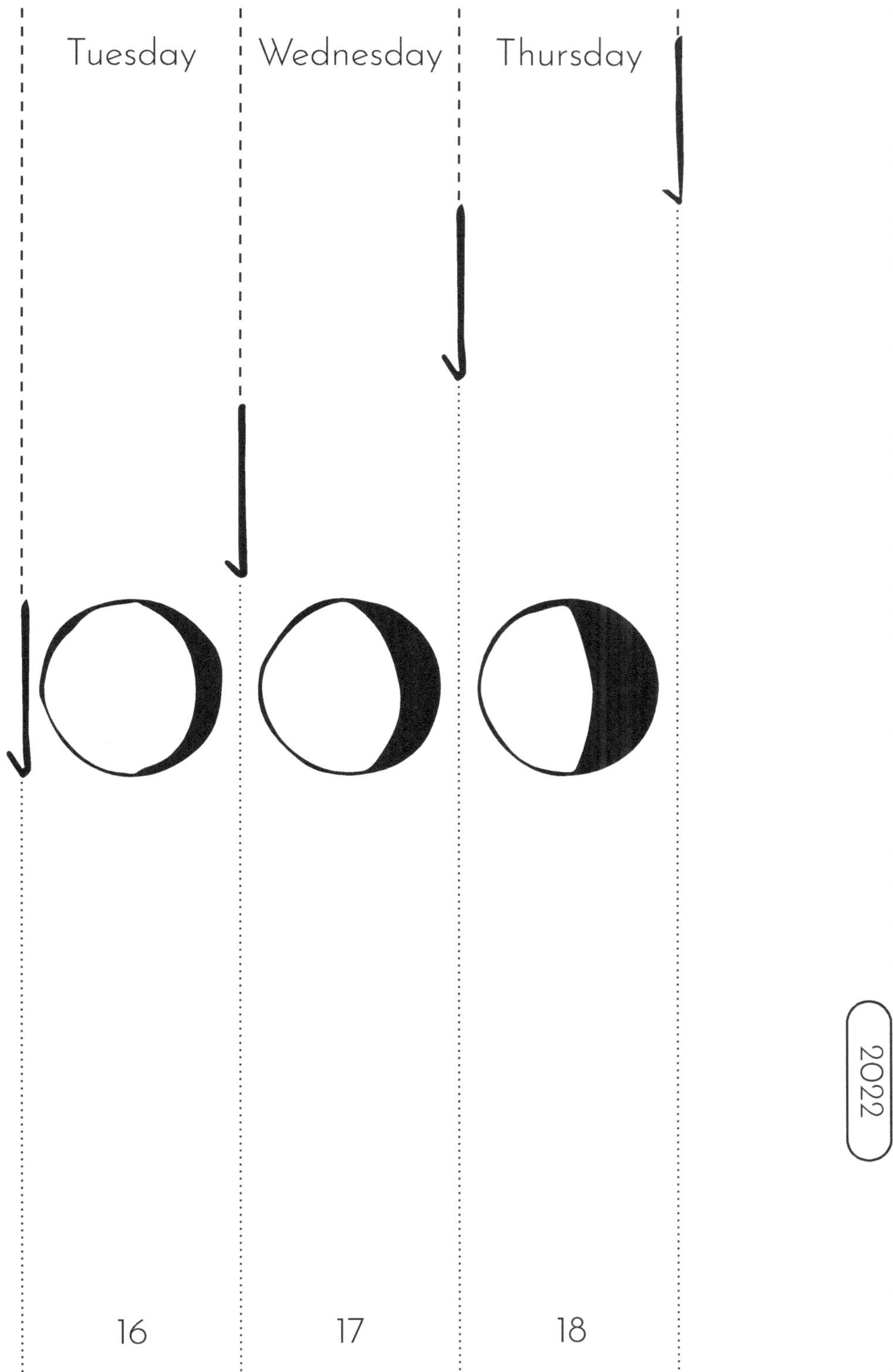

Tuesday

Wednesday

Thursday

16

17

18

2022

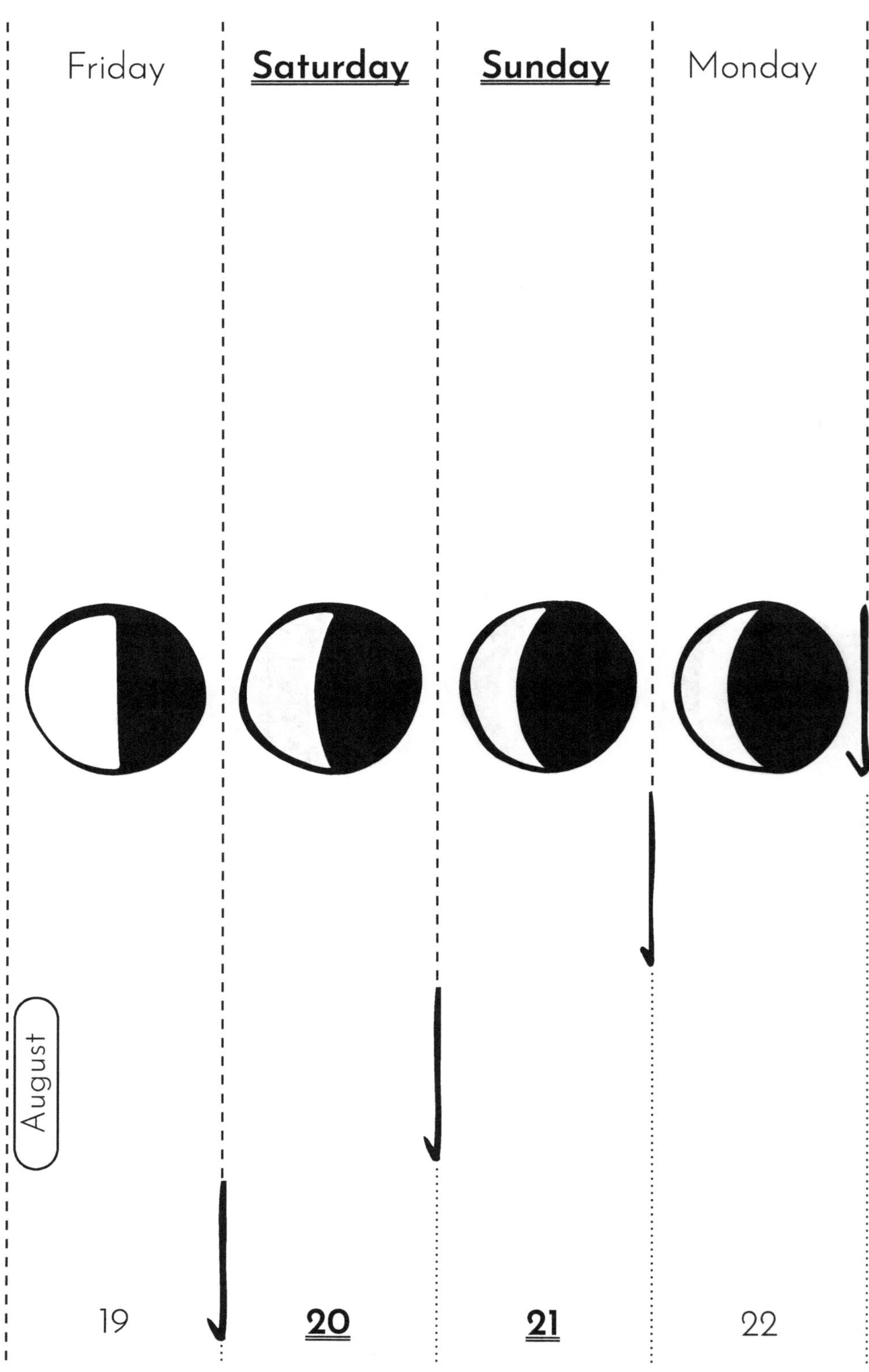
Friday
Saturday
Sunday
Monday
August
19
20
21
22

Tuesday	Wednesday	Thursday	Friday

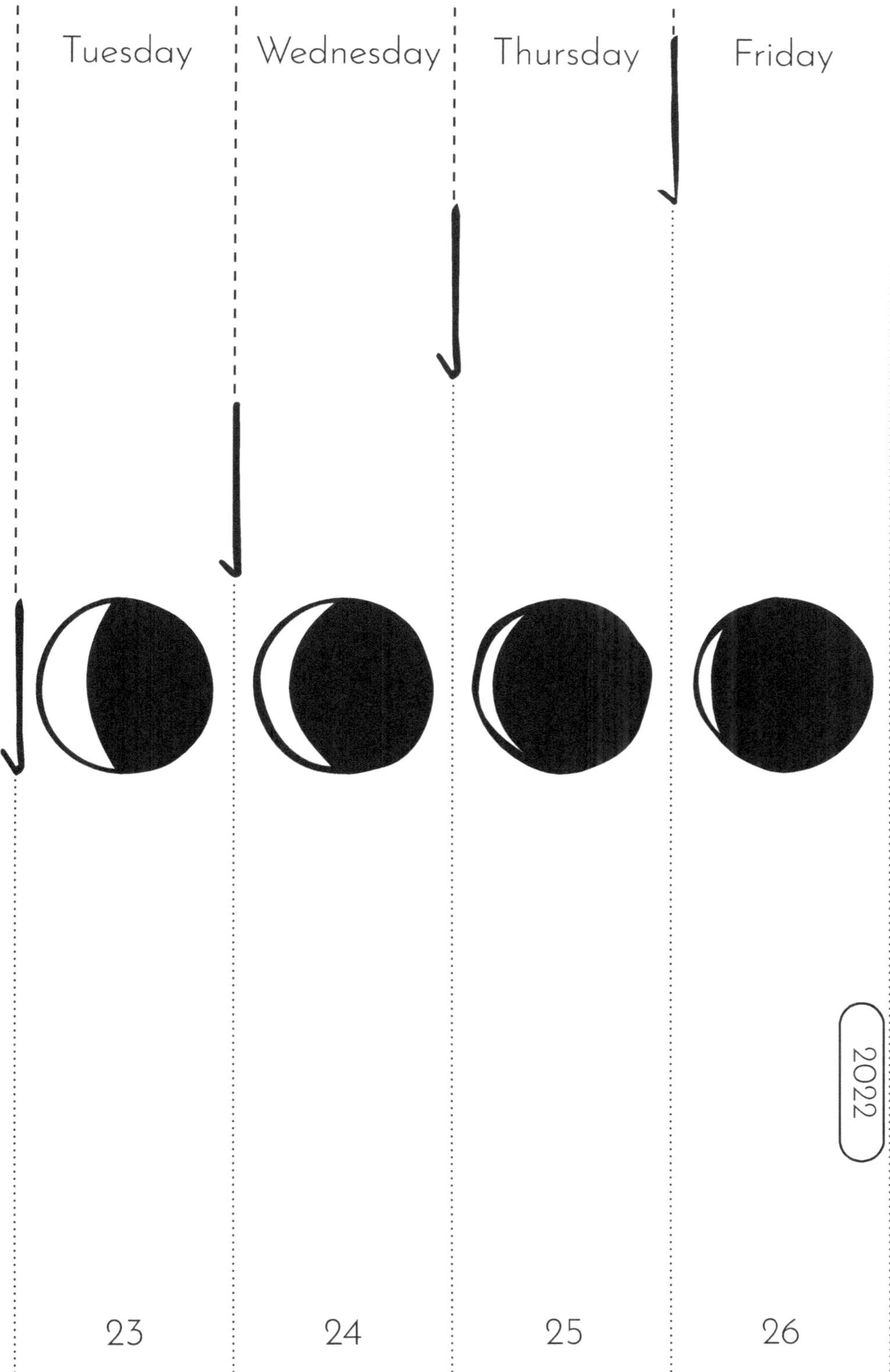

2022

23	24	25	26

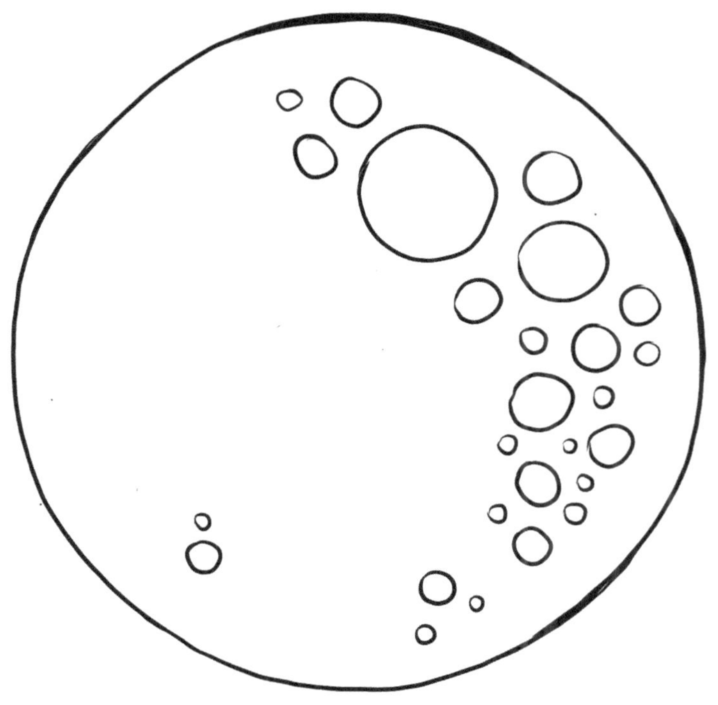

August 27-September 24

<u>**Sunday**</u>	Monday	Tuesday	Wednesday
 10	29	 30	 31
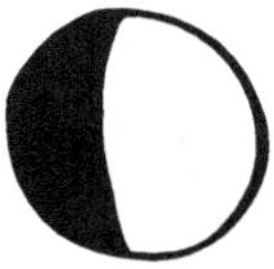 4	 5	 6	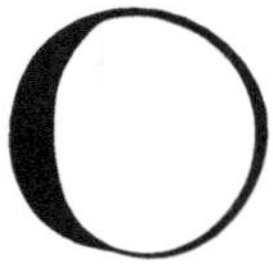 7
 11	 12	 13	 14
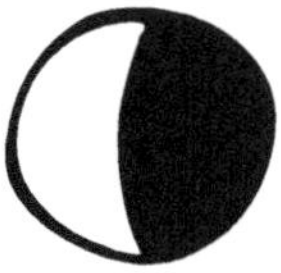 18	 19	 20	 21

Thursday	Friday	**Saturday**
		August 27
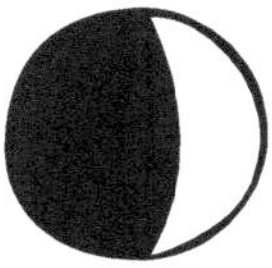 September 1	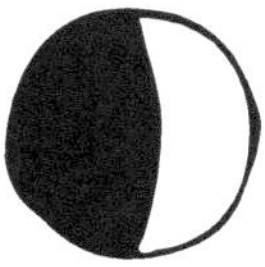 2	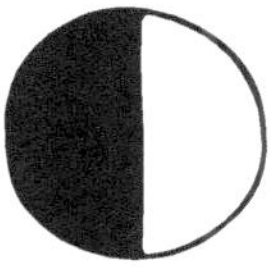 3
 8	 9	 10
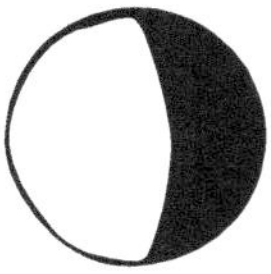 15	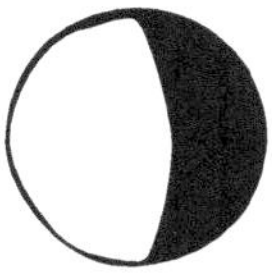 16	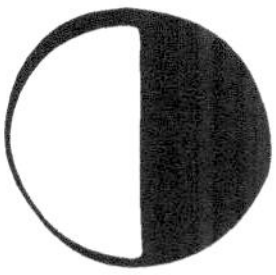 17
 22	 23	24

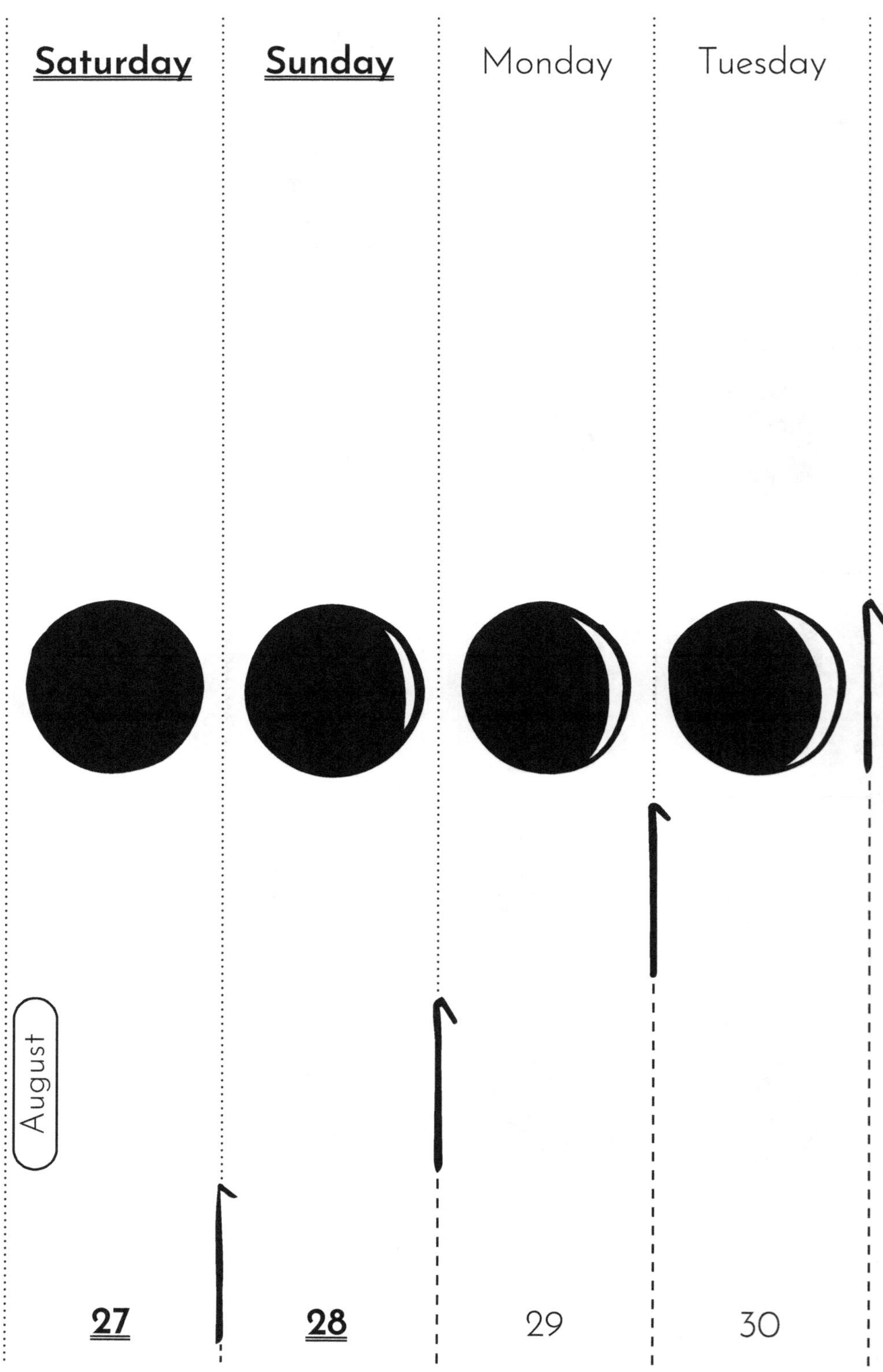

<u>**Saturday**</u>	<u>**Sunday**</u>	Monday	Tuesday
August			
<u>**27**</u>	<u>**28**</u>	29	30

Wednesday
Thursday
Friday
September
2022
31
1
2

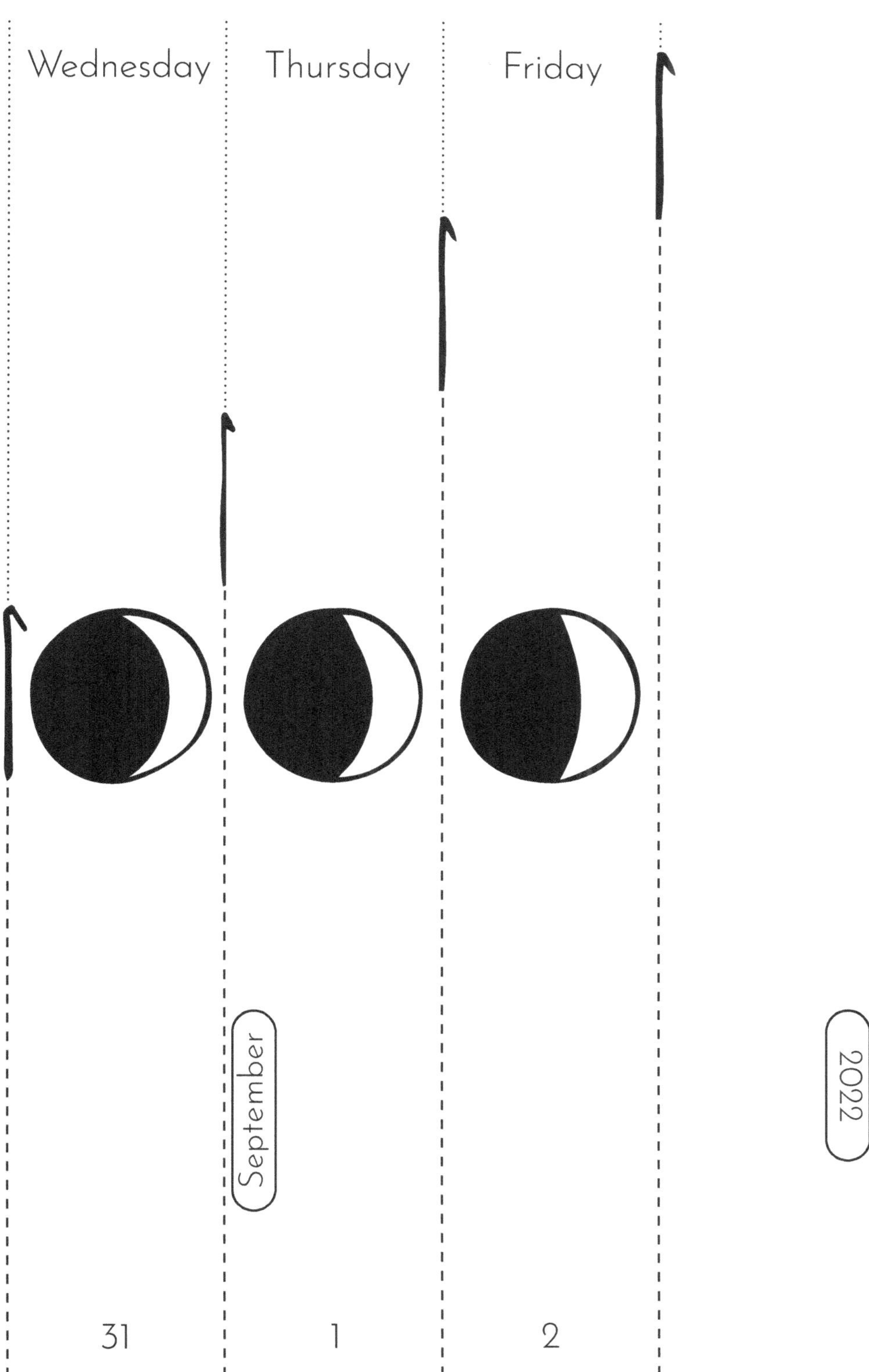

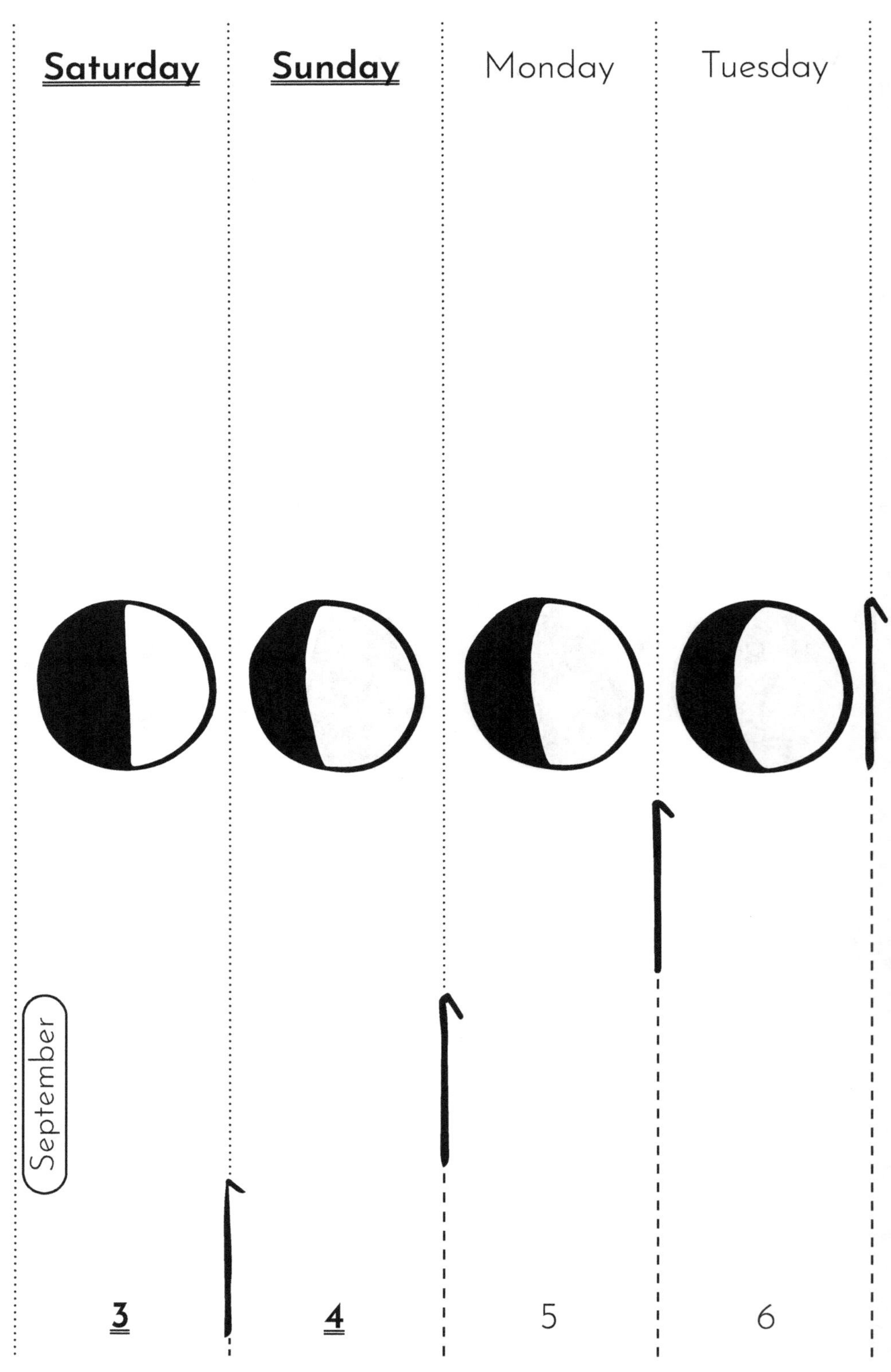

<u>Saturday</u>	**<u>Sunday</u>**	Monday	Tuesday
September			
<u>3</u>	**<u>4</u>**	5	6

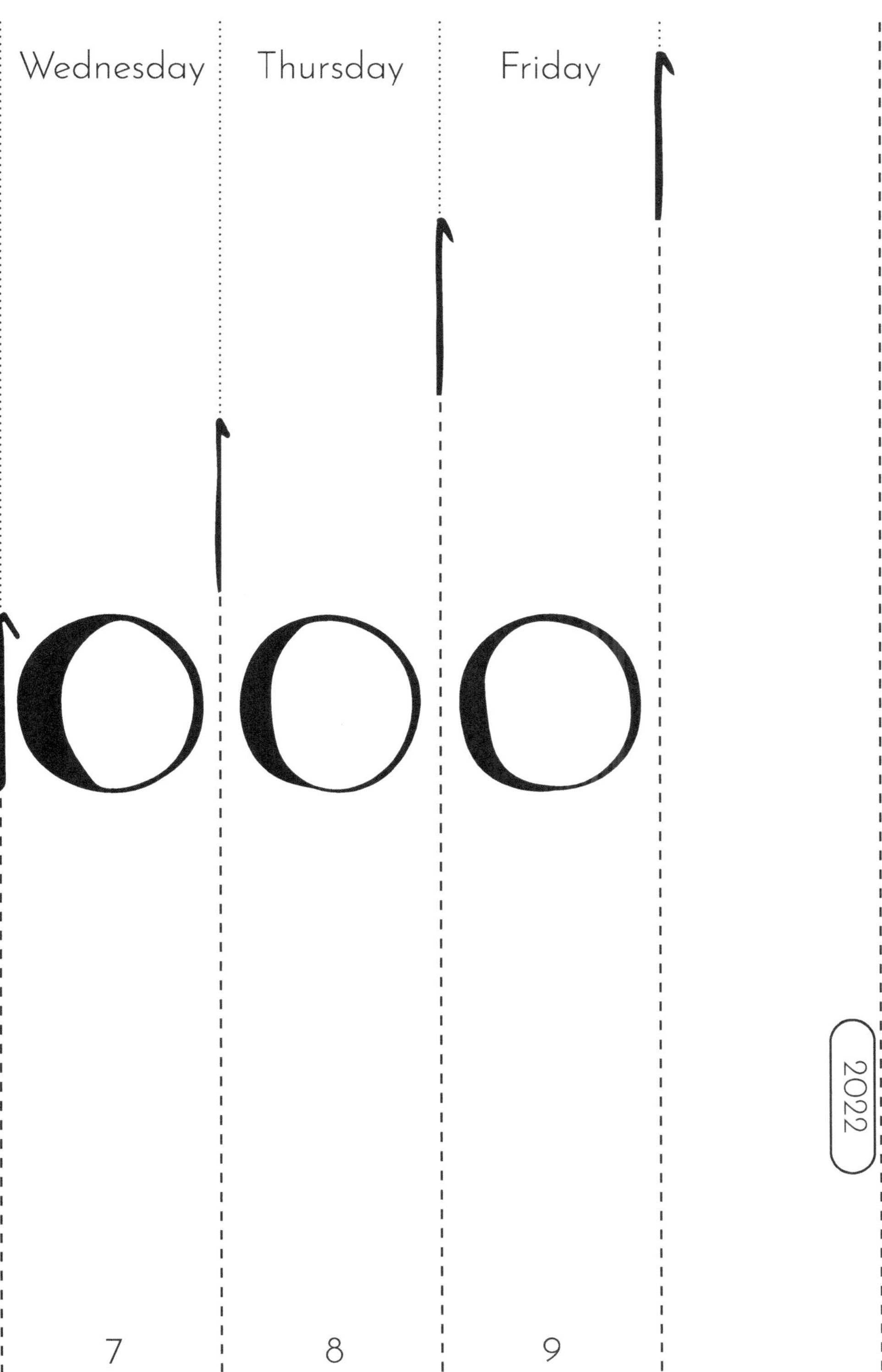

Wednesday
Thursday
Friday
7
8
9
2022

Saturday	**Sunday**	Monday	Tuesday

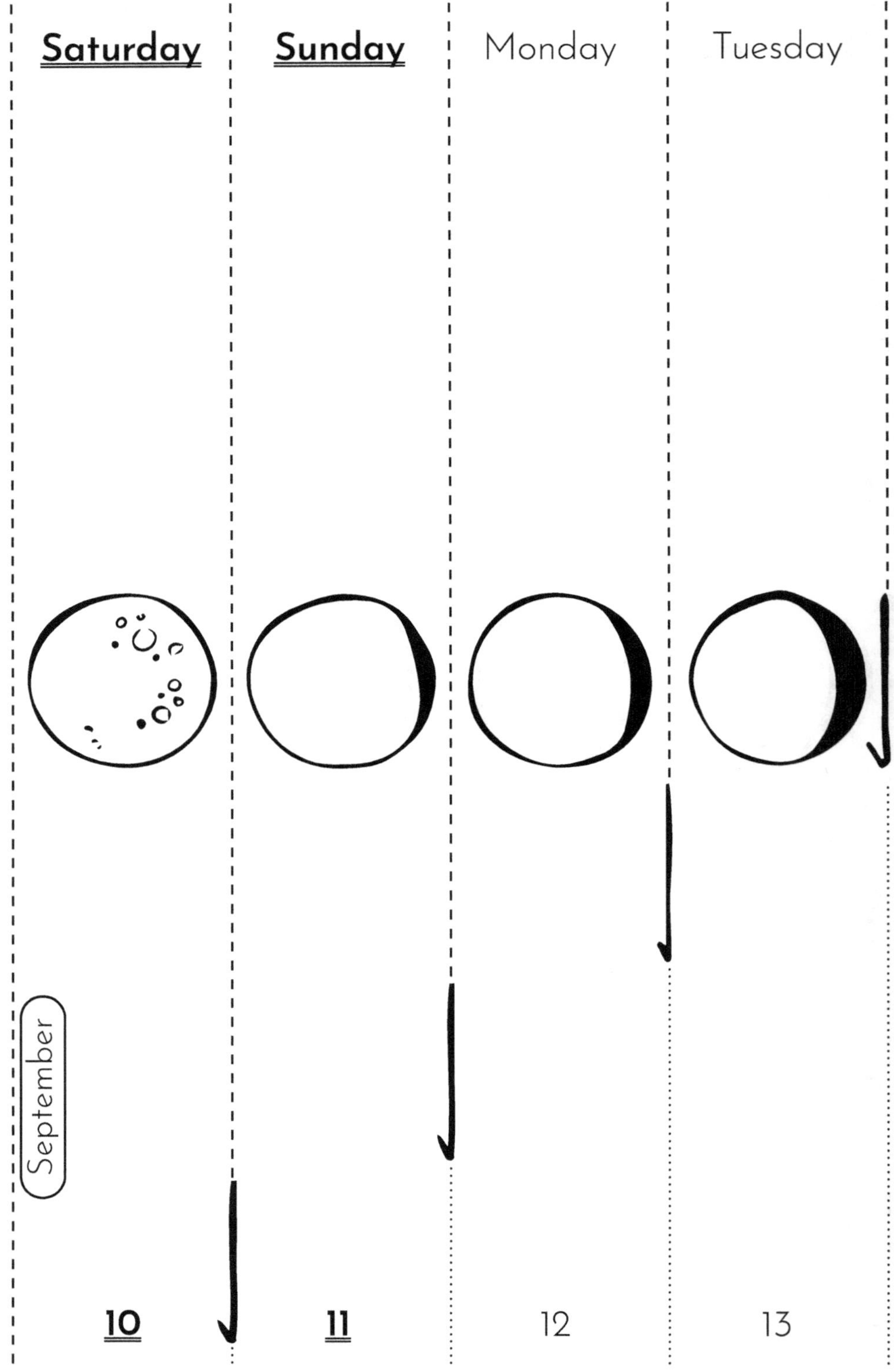

10	**11**	12	13

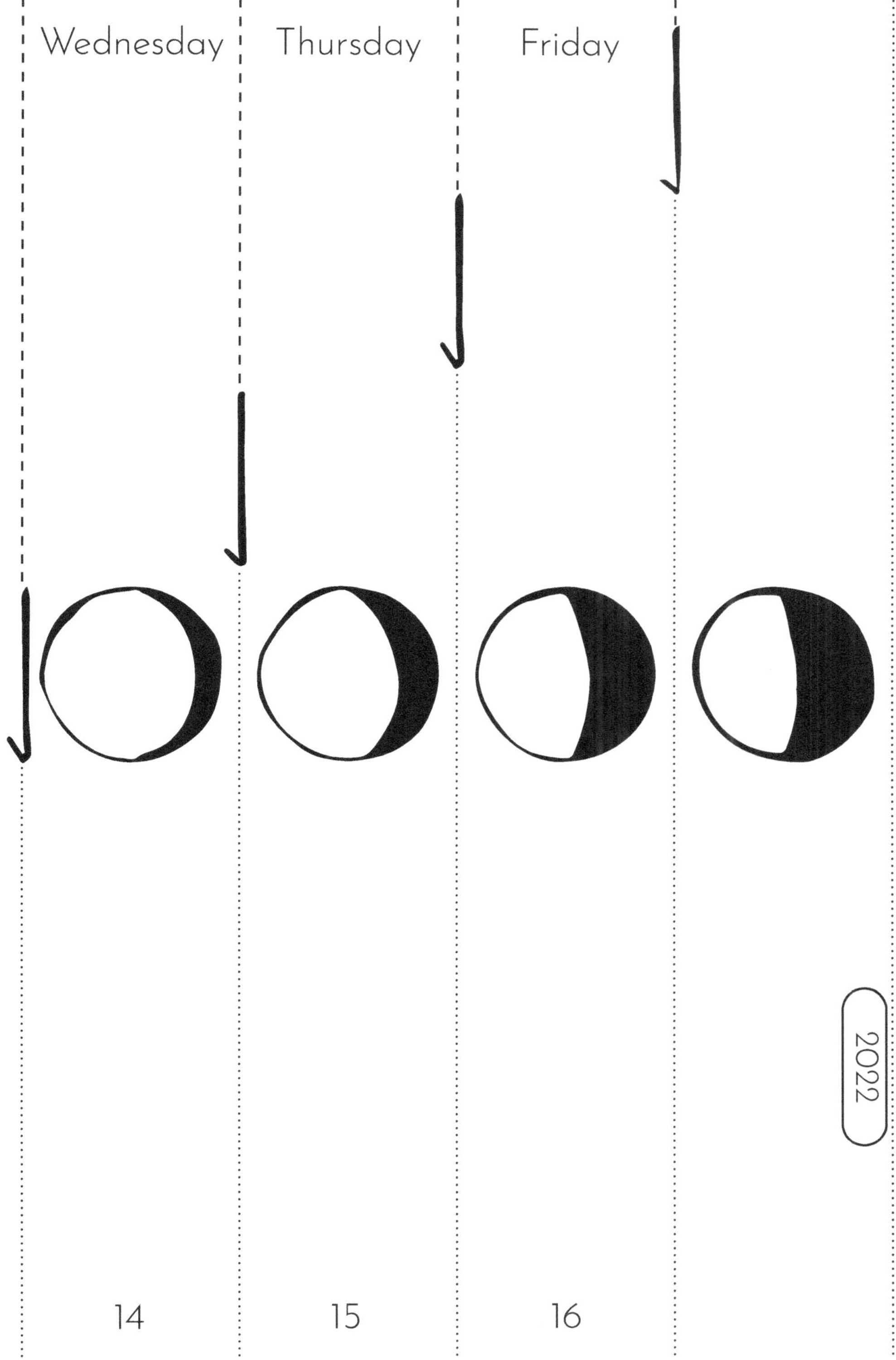

Wednesday
Thursday
Friday
14
15
16
2022

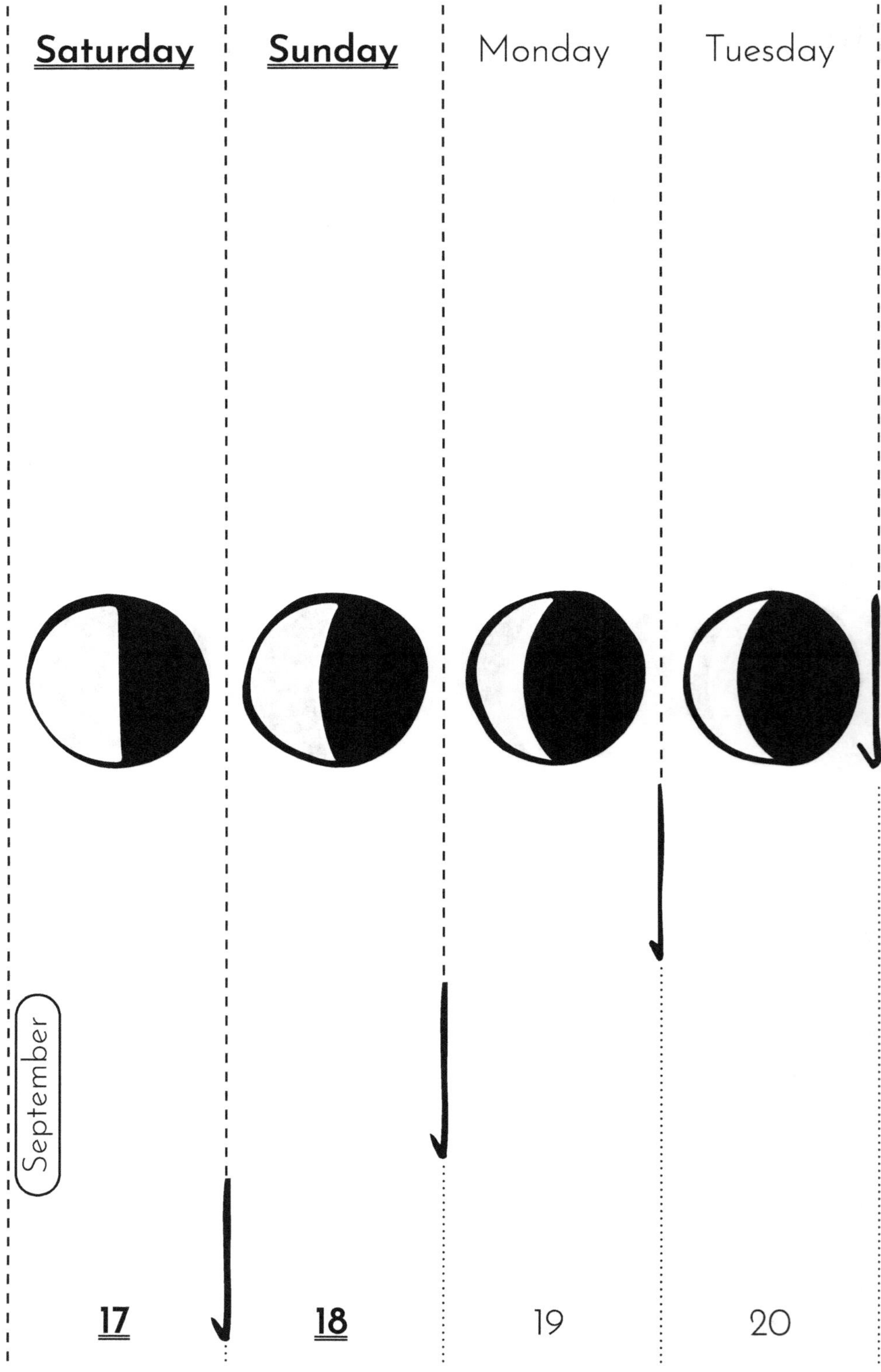

Saturday

Sunday

Monday

Tuesday

September

17

18

19

20

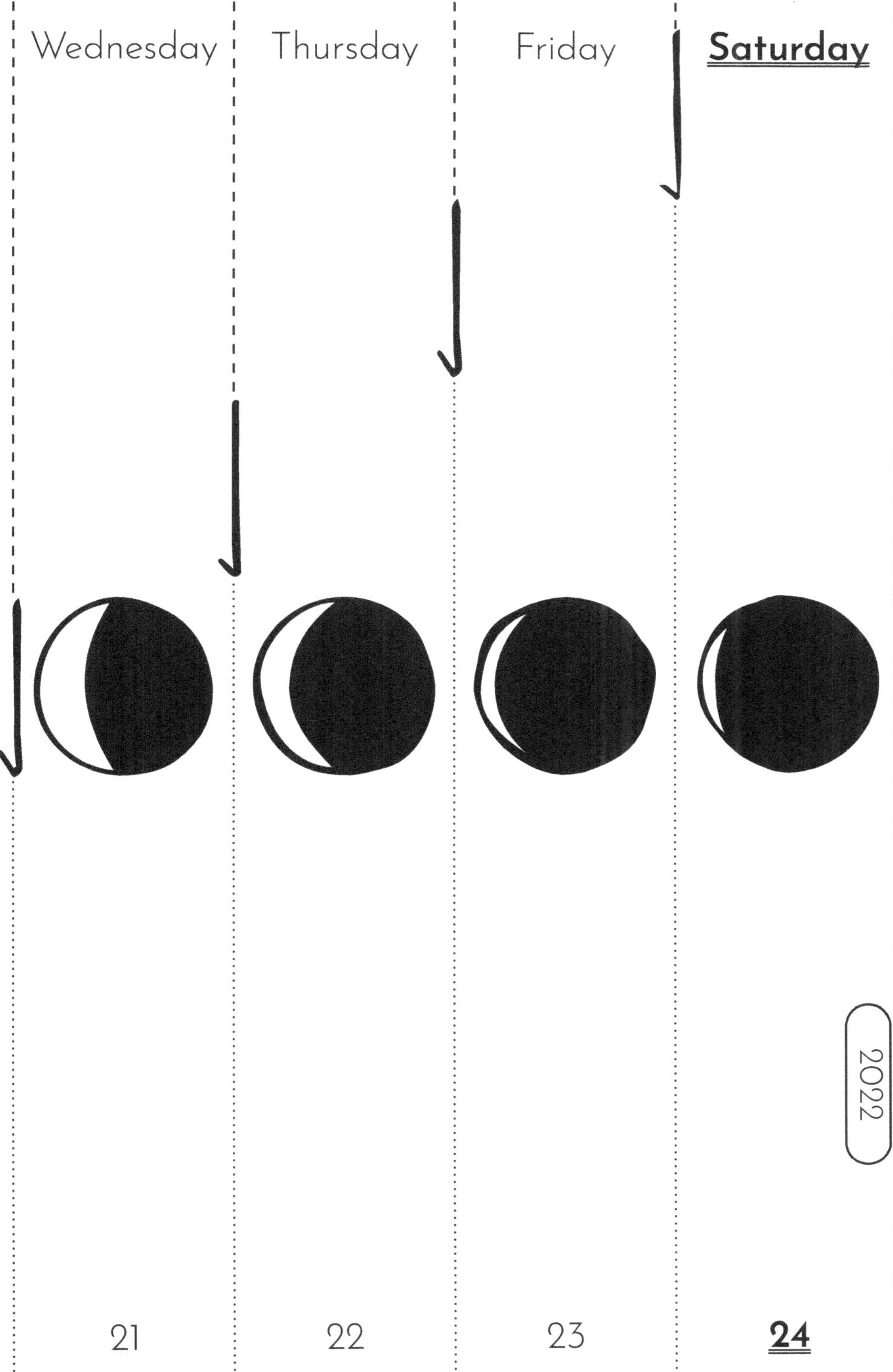

Wednesday	Thursday	Friday	**<u>Saturday</u>**
21	22	23	**<u>24</u>**

2022

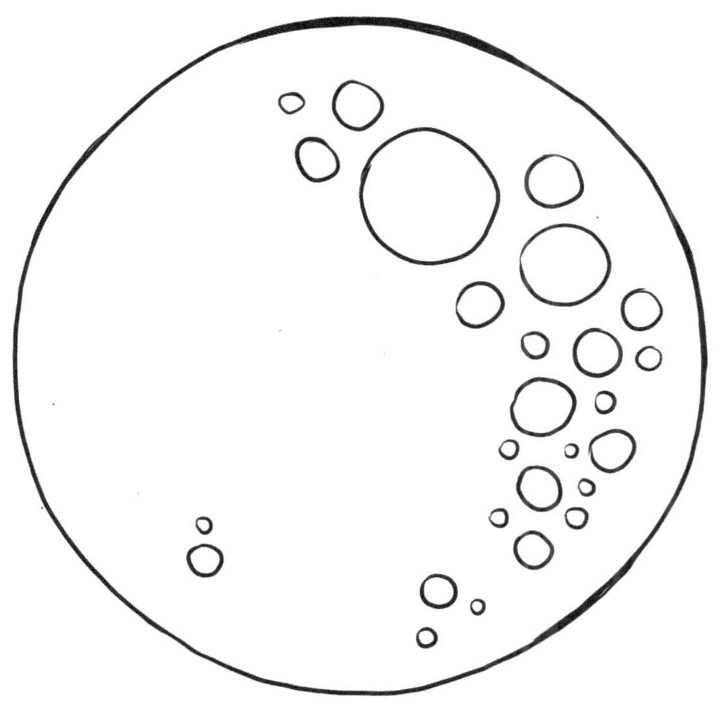

September 25-October 24

Sunday	Monday	Tuesday	Wednesday
September 25	26	3	28
2	27	4	5
9	10	11	12
16	17	18	19
23	24		

Thursday	Friday	Saturday
29	30	October 1
6	7	8
13	14	15
20	21	22

<u>Sunday</u>	Monday	Tuesday	Wednesday

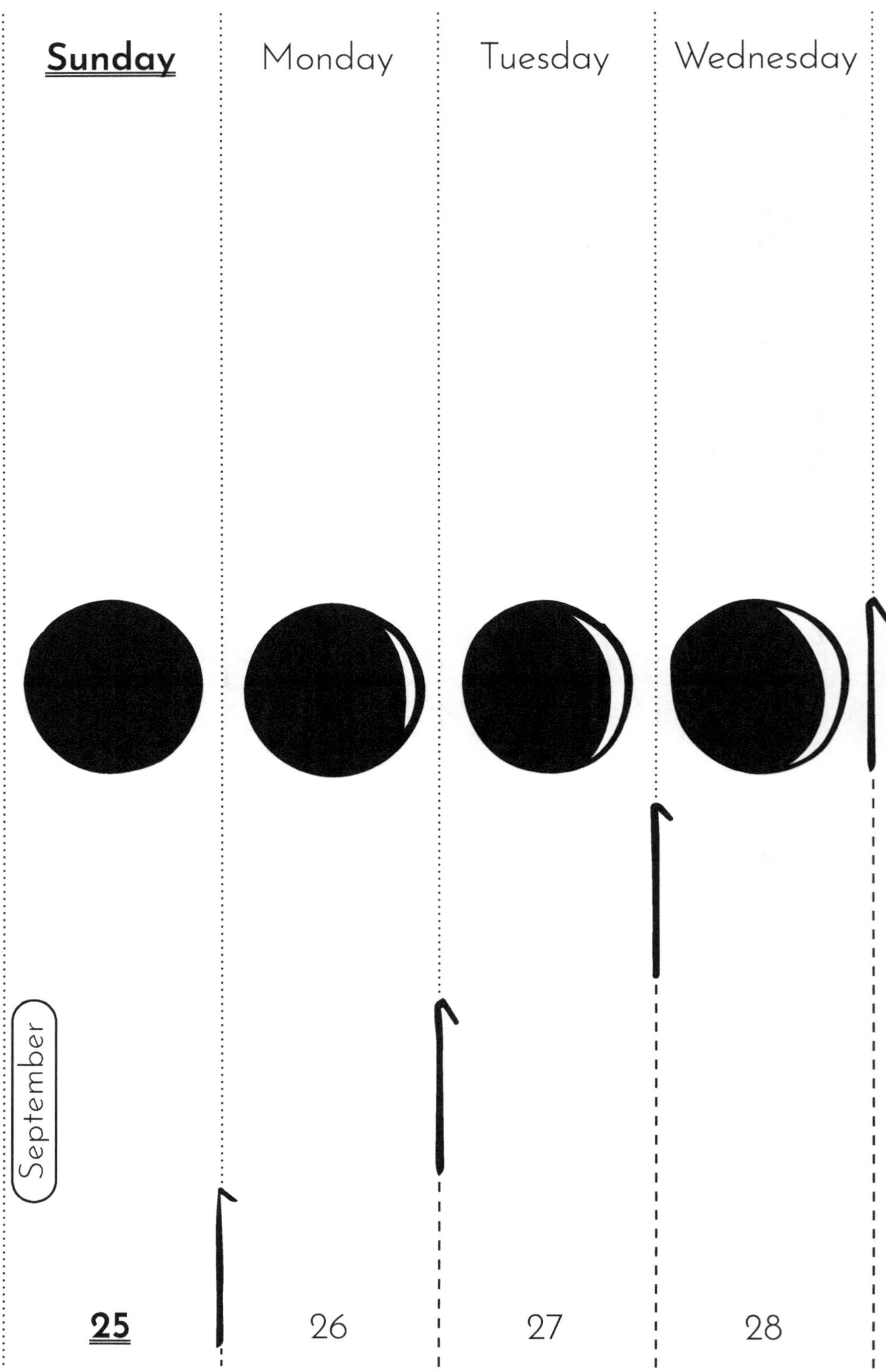

September

| **<u>25</u>** | 26 | 27 | 28 |

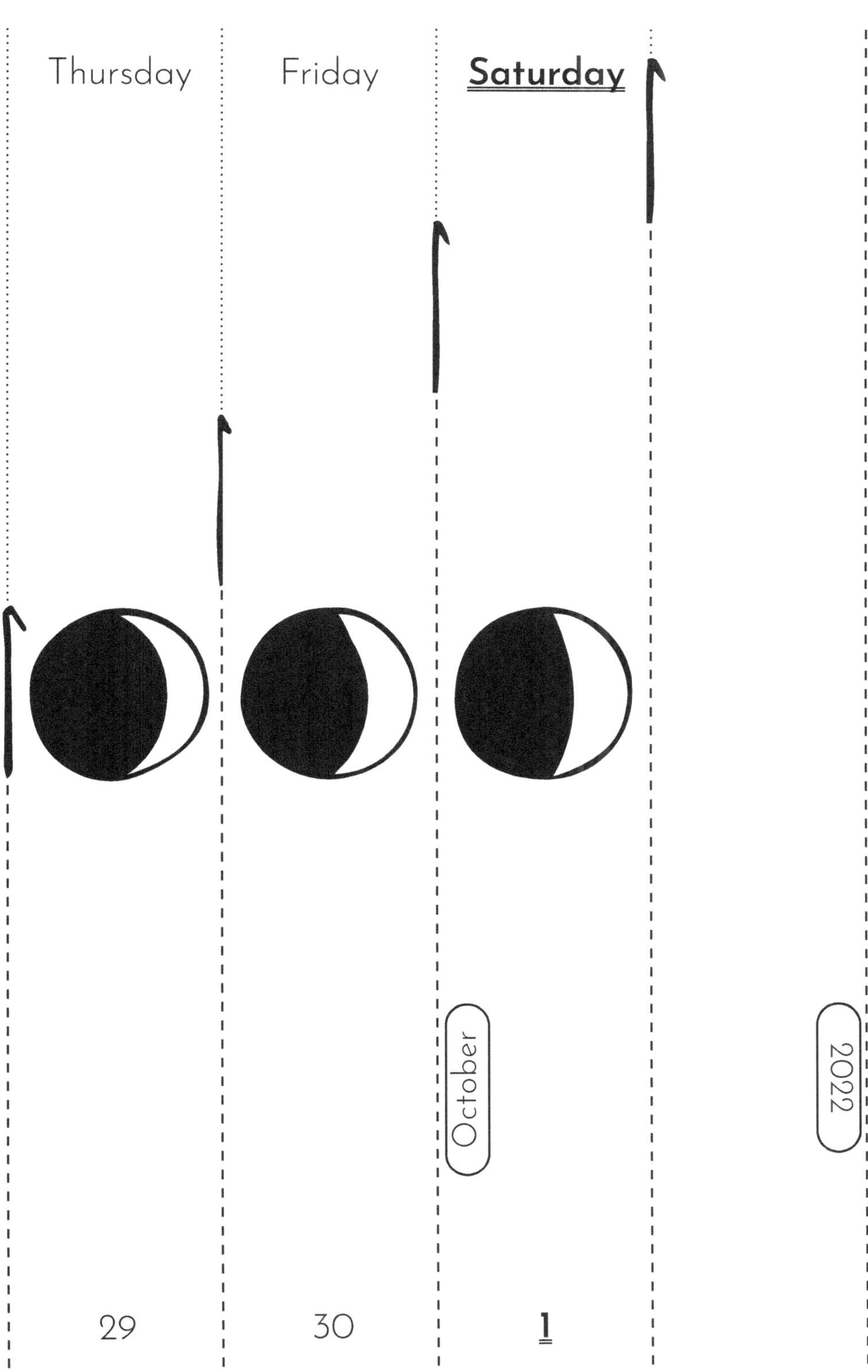

Thursday
Friday
Saturday
October
2022
29
30
1

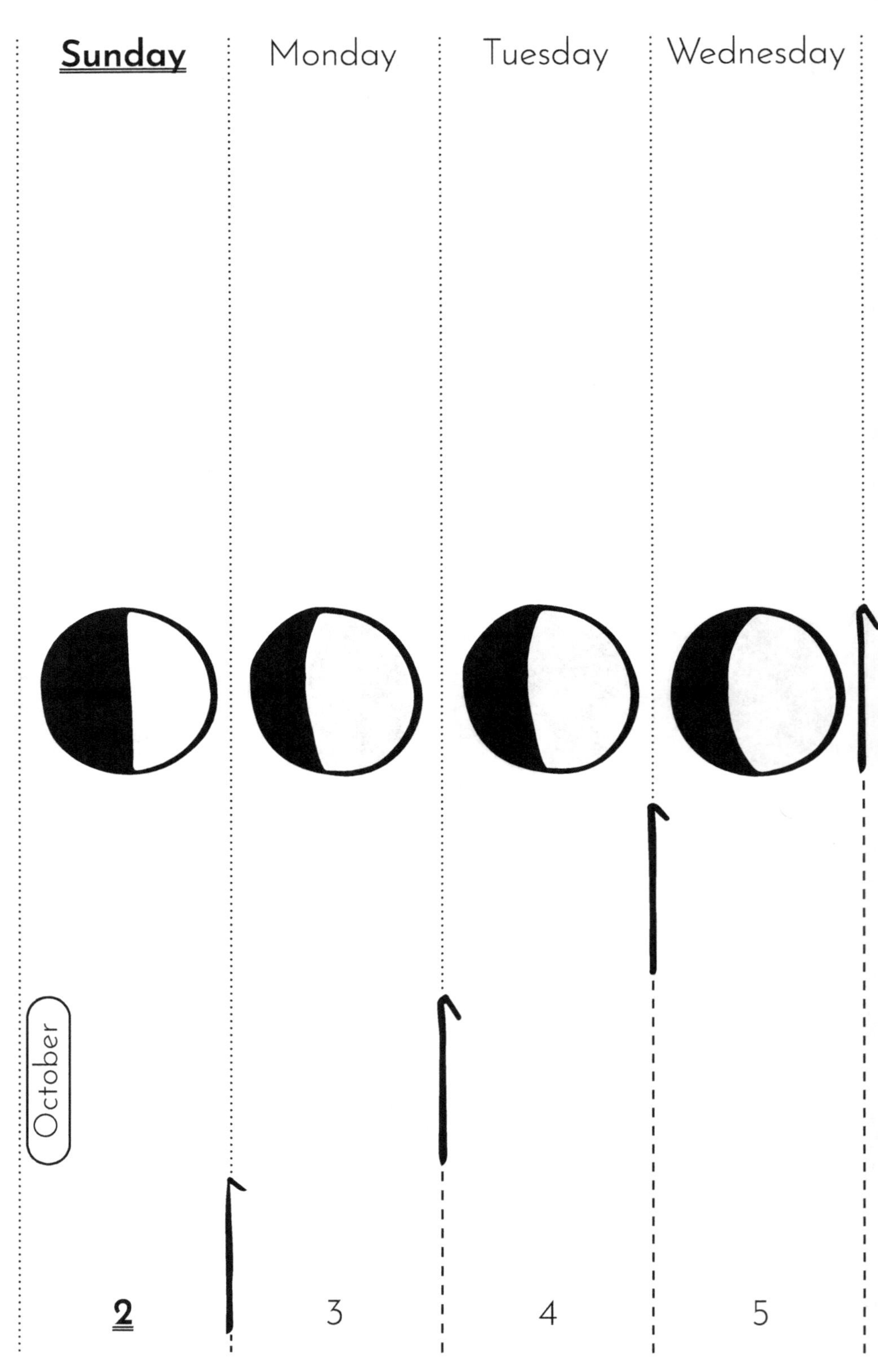

Sunday
Monday
Tuesday
Wednesday
October
2
3
4
5

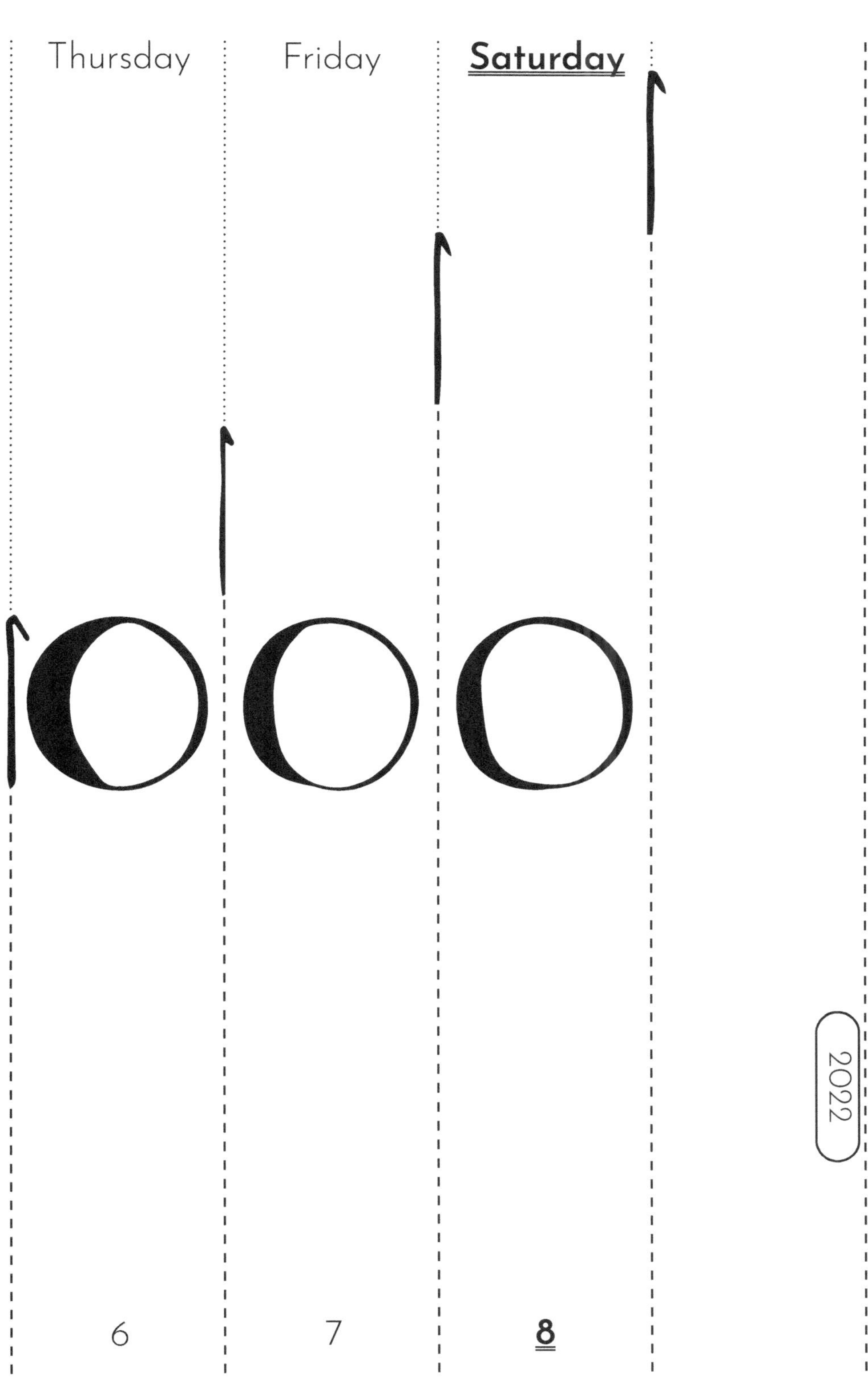

Thursday
Friday
Saturday
6
7
8
2022

Sunday
Monday
Tuesday
Wednesday
October
9
10
11
12

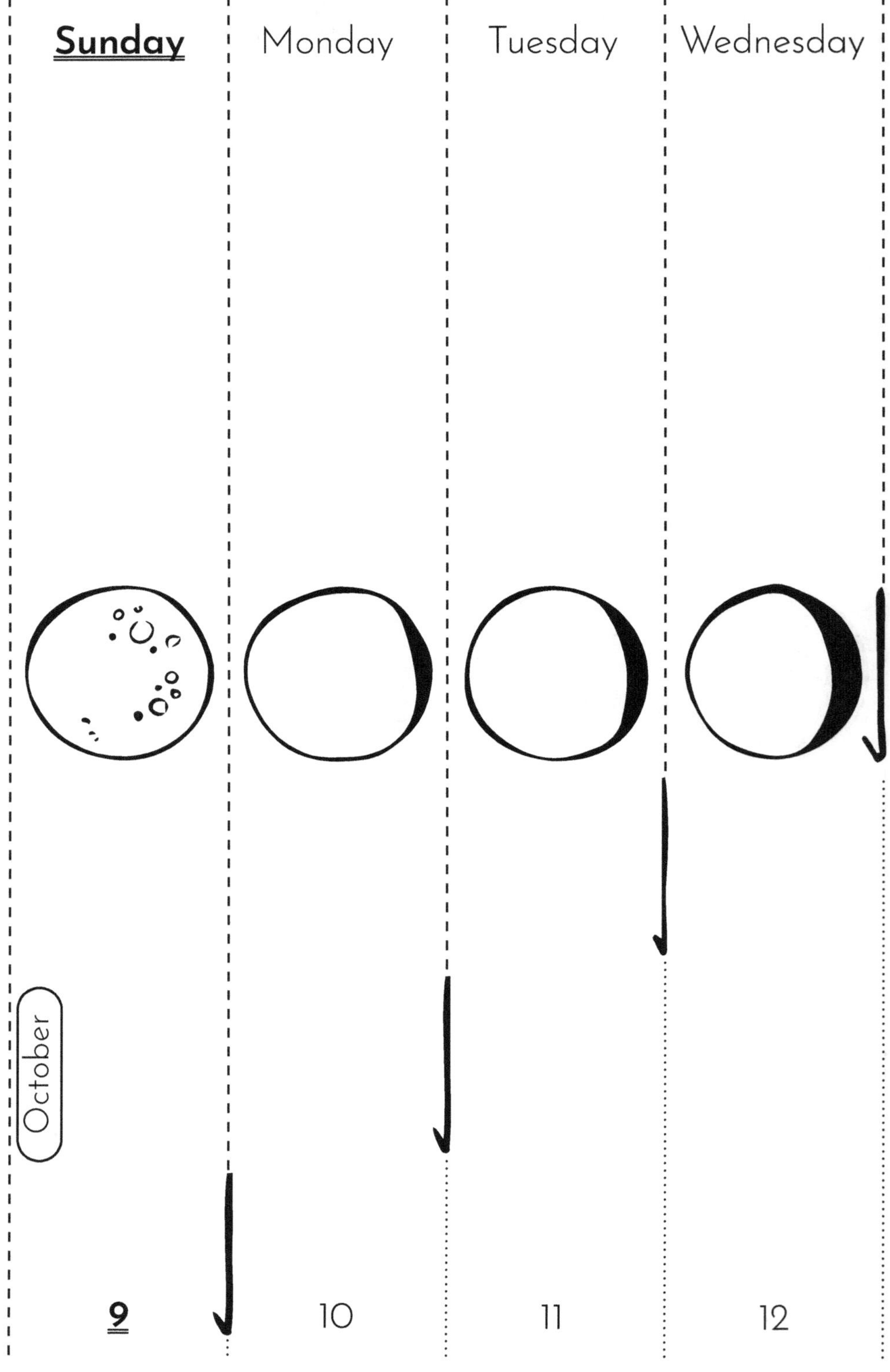

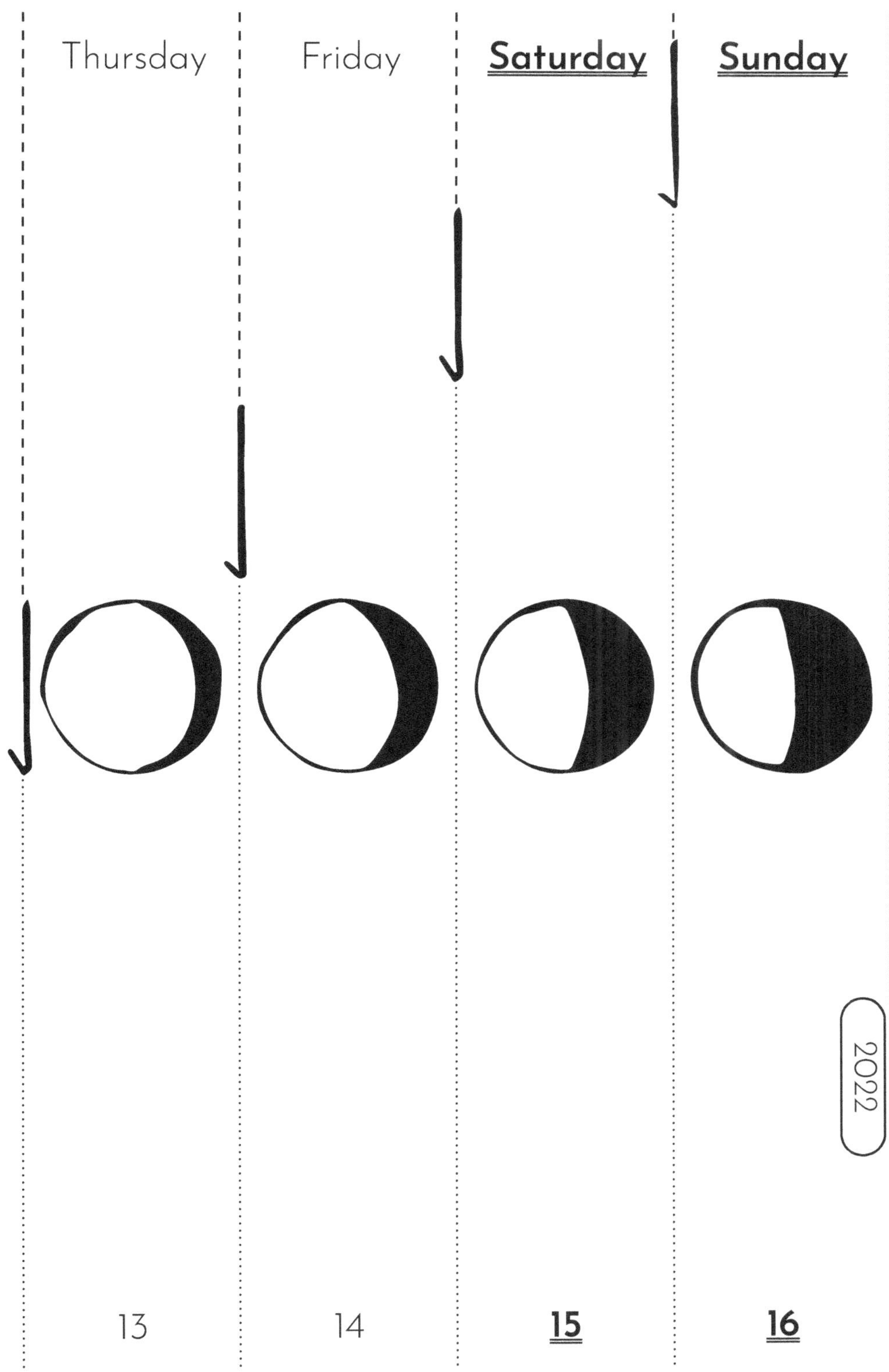

Thursday	Friday	**<u>Saturday</u>**	**<u>Sunday</u>**
13	14	**<u>15</u>**	**<u>16</u>**

2022

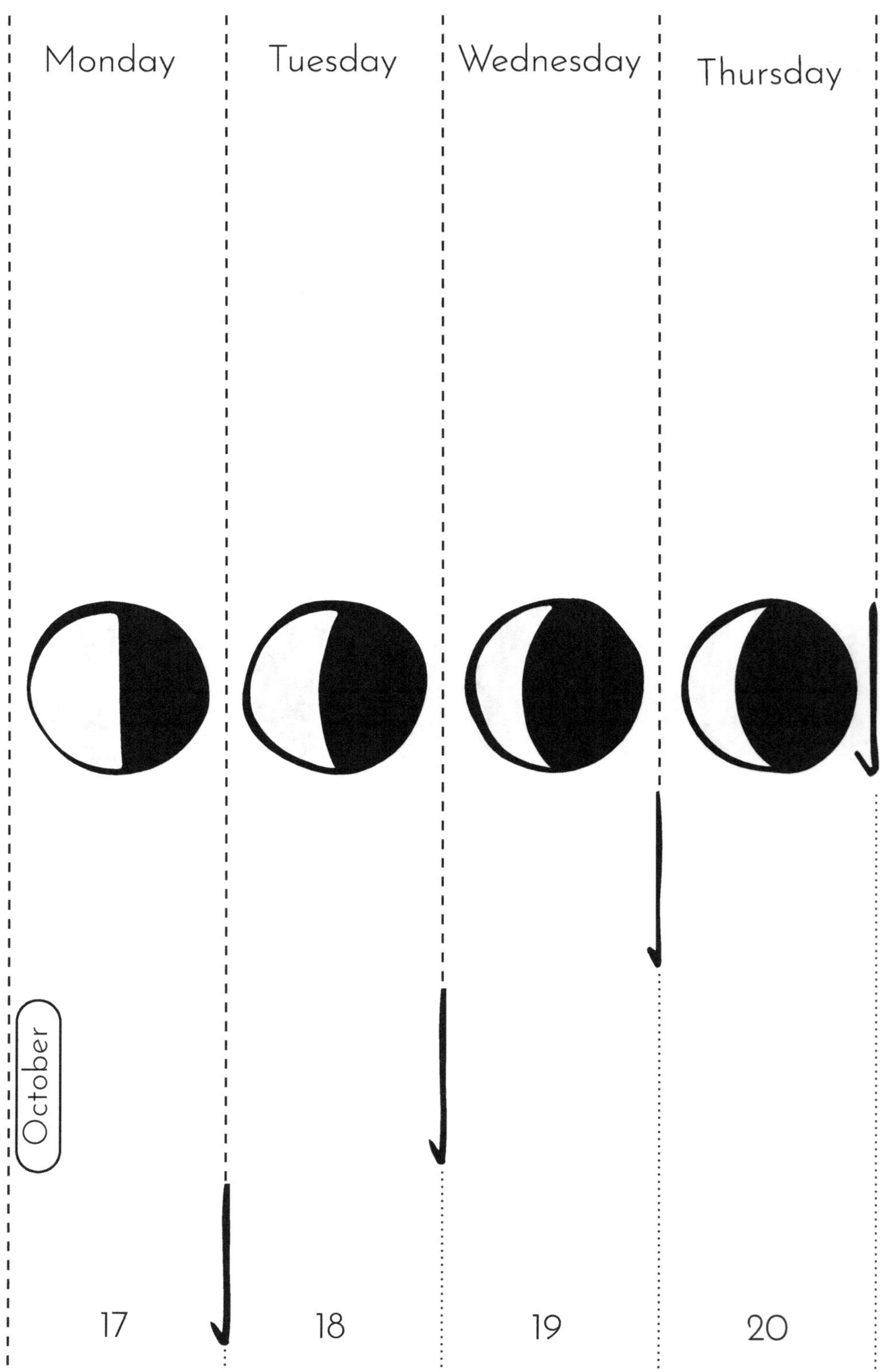

Monday
Tuesday
Wednesday
Thursday
October
17
18
19
20

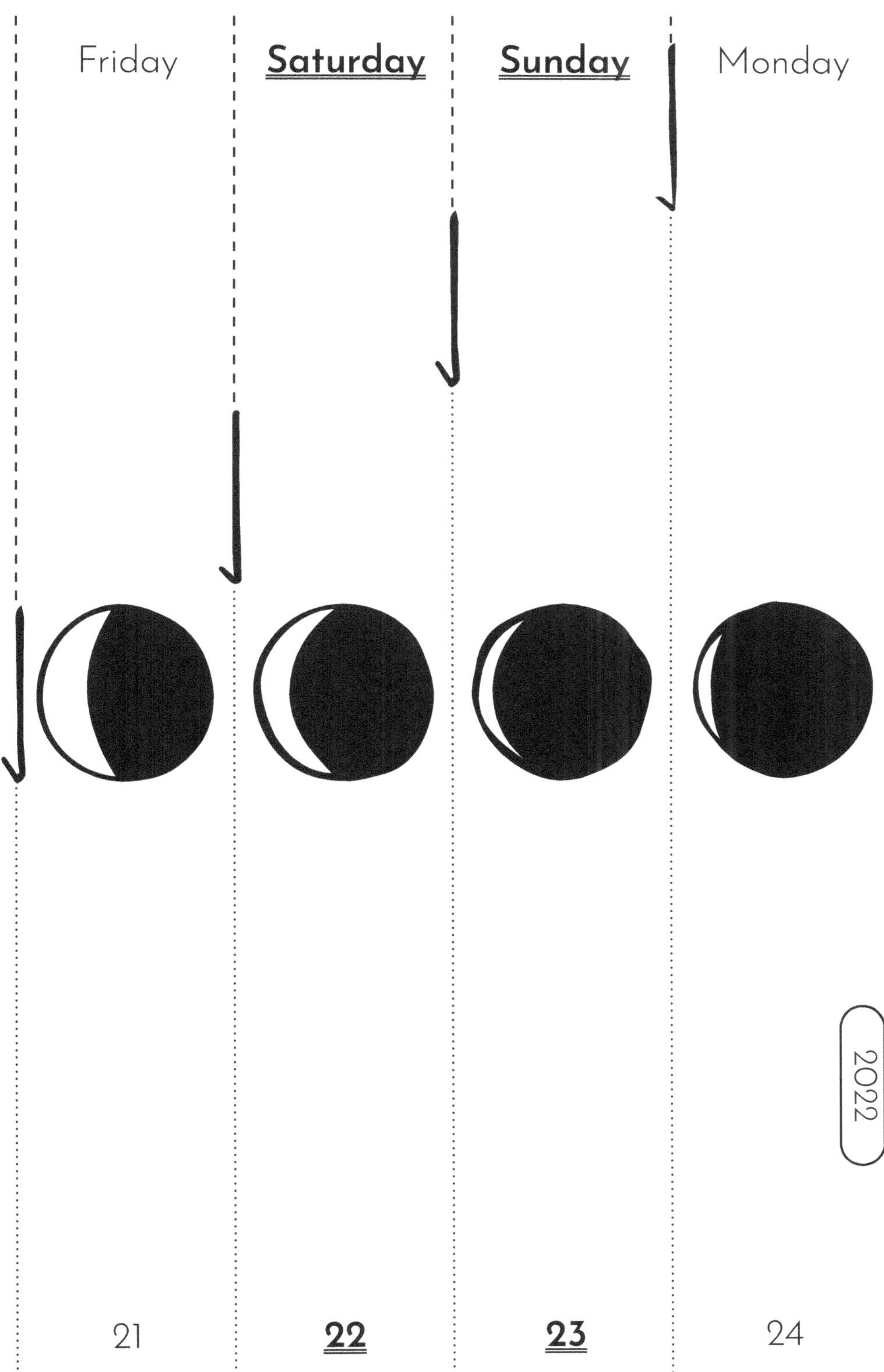

Friday	**Saturday**	**Sunday**	Monday
21	**22**	**23**	24

2022

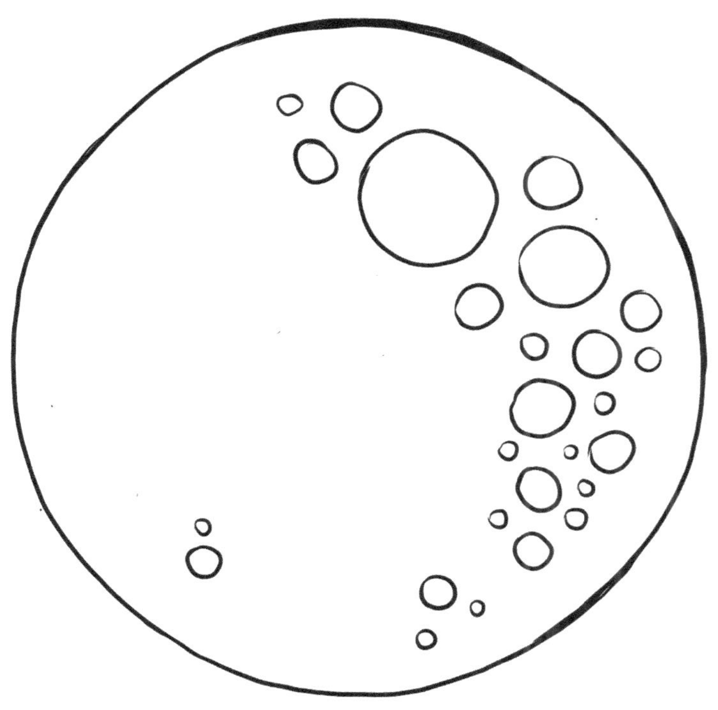

October 25-November 22

Sunday	Monday	Tuesday	Wednesday
		October 25	26
30	31	November 1	2
6	7	8	9
13	14	15	16
20	21	22	

Thursday	Friday	<u>**Saturday**</u>
27	 28	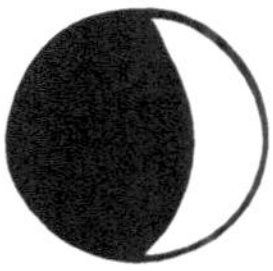 29
 3	 4	 5
 10	 11	 12
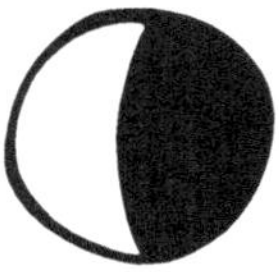 17	 18	 19

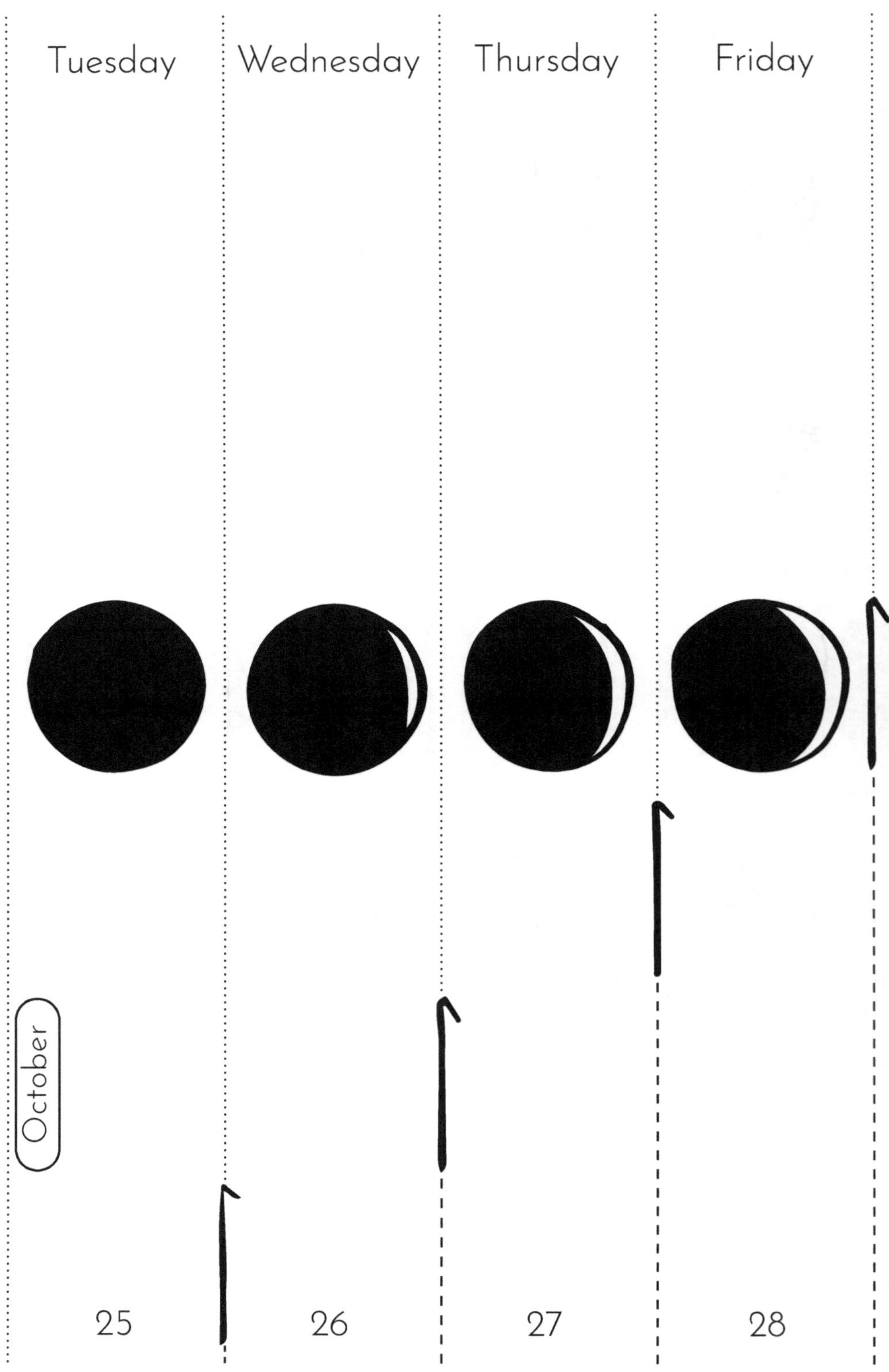

Tuesday
Wednesday
Thursday
Friday
25
26
27
28
October

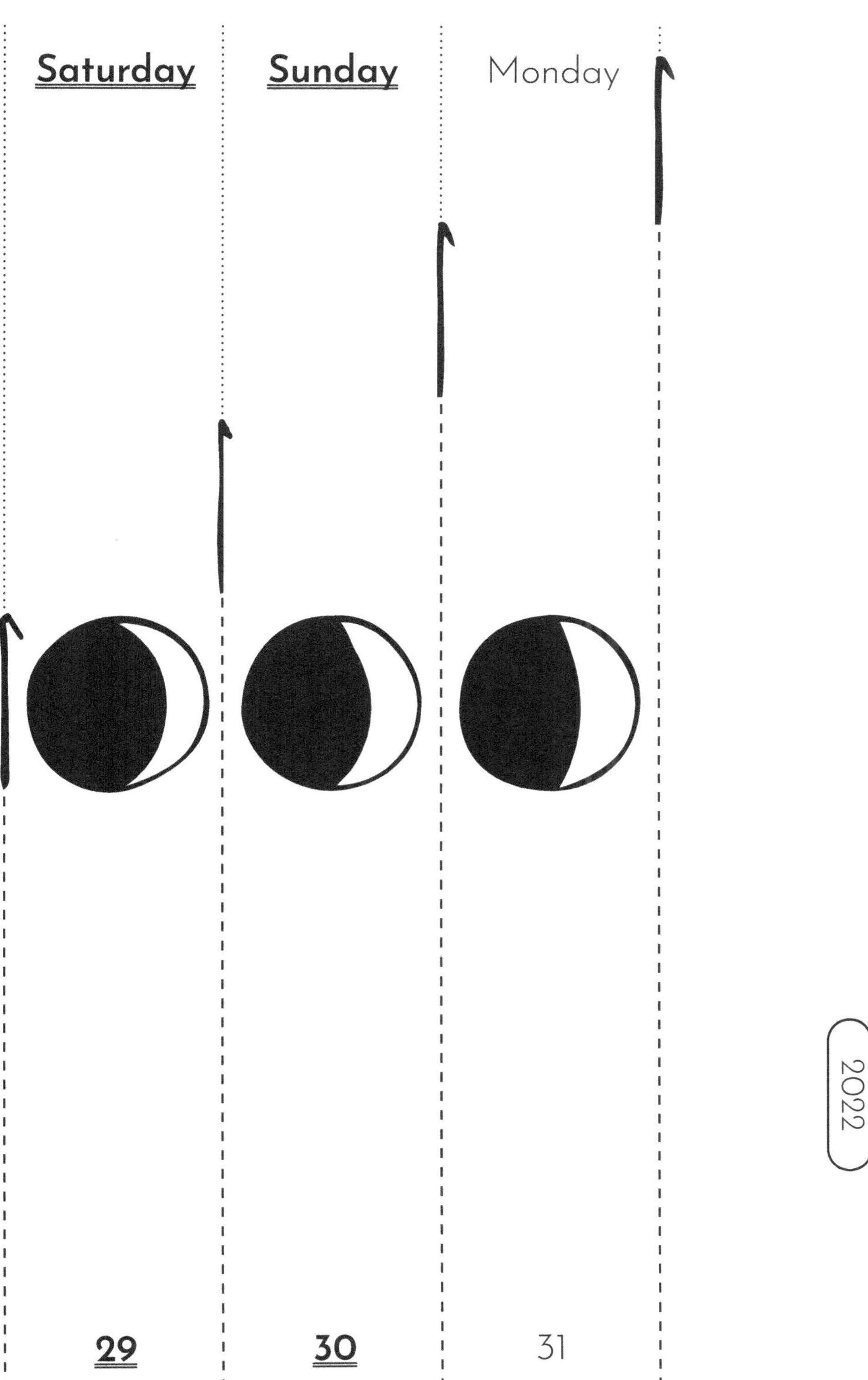

Saturday
Sunday
Monday
29
30
31
2022

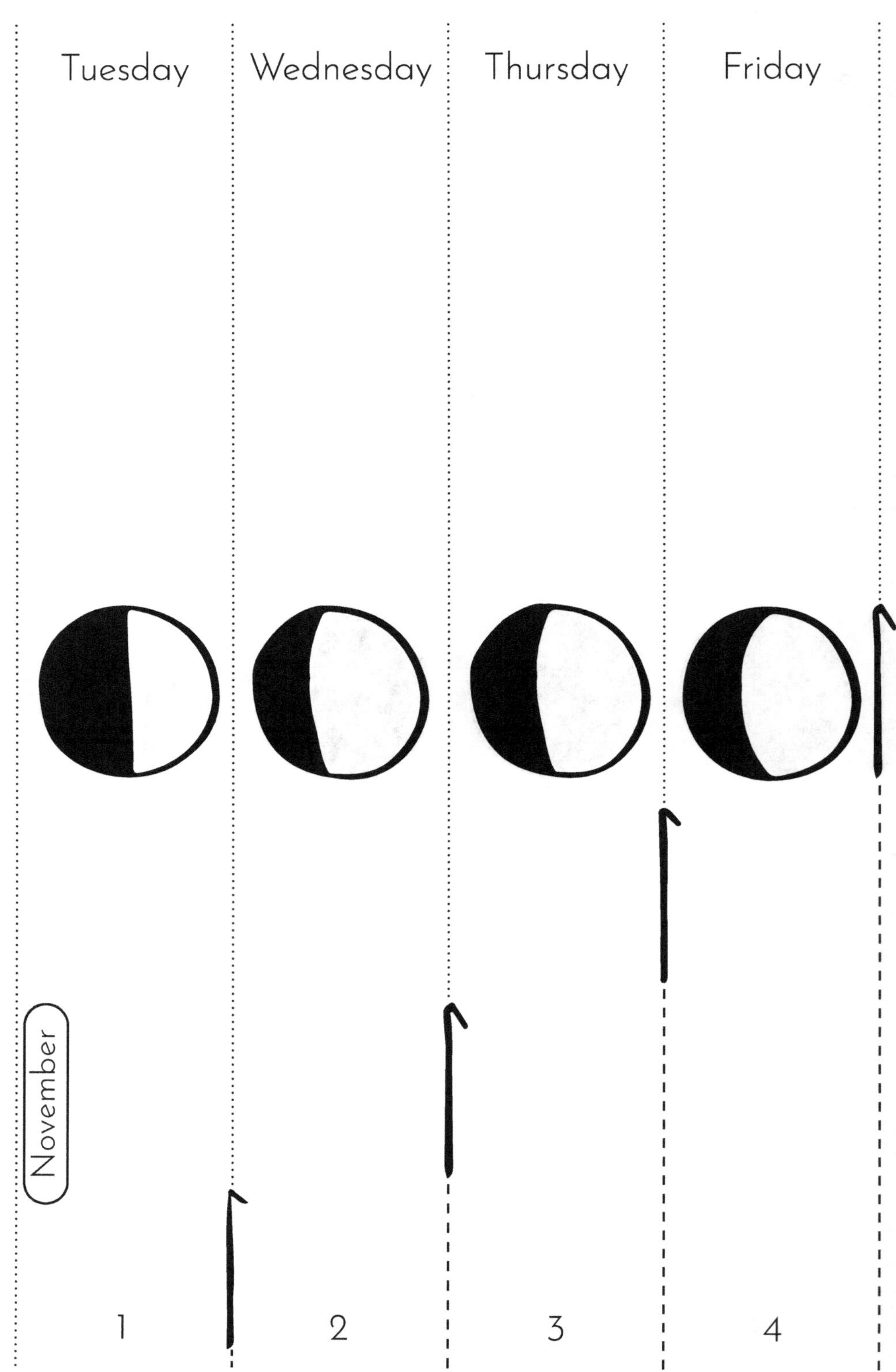
Tuesday
Wednesday
Thursday
Friday
November
1
2
3
4

<u>**Saturday**</u>

<u>5</u>

<u>**Sunday**</u>

<u>6</u>

Monday

7

2022

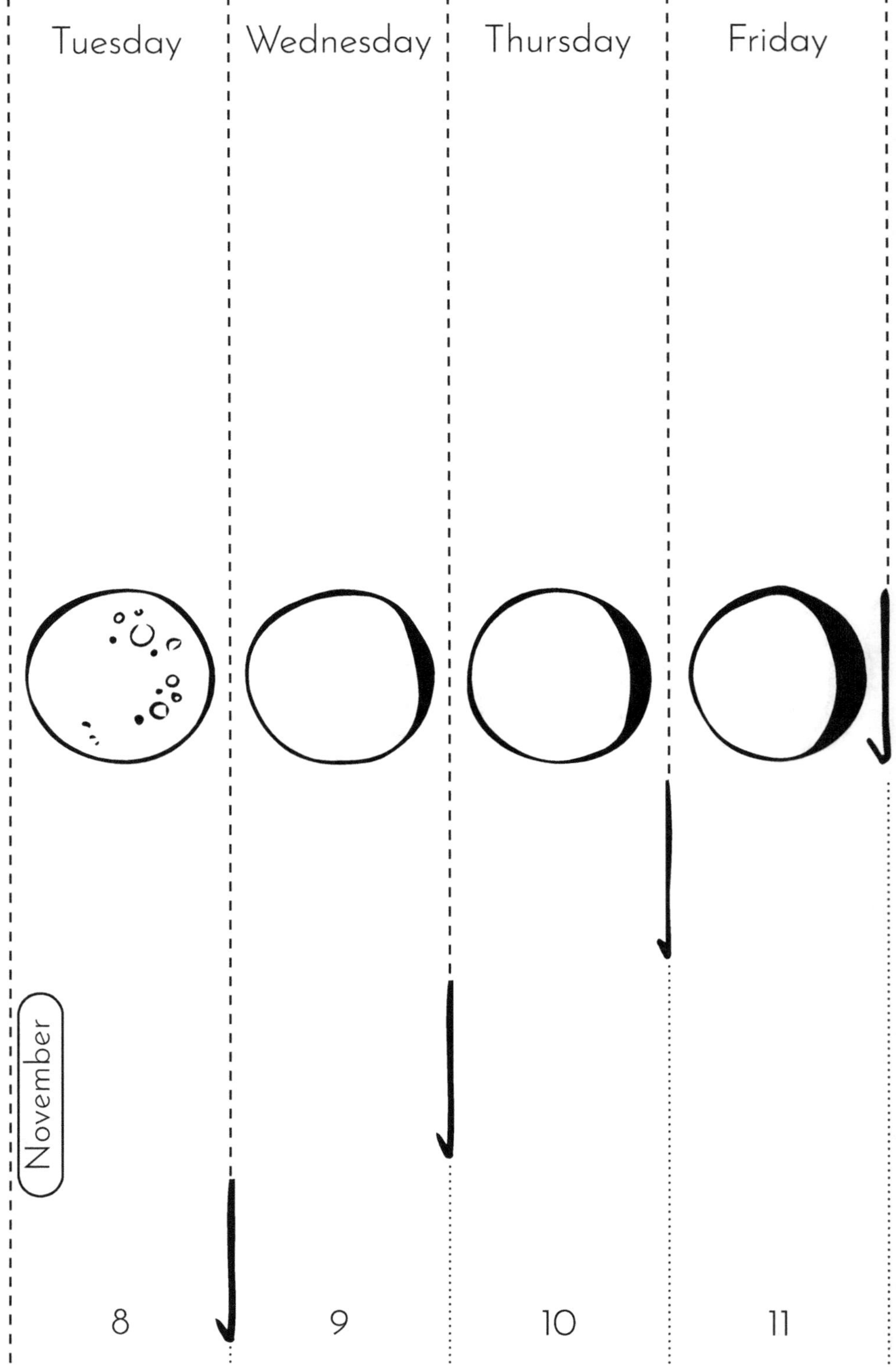

Tuesday
Wednesday
Thursday
Friday
November
8
9
10
11

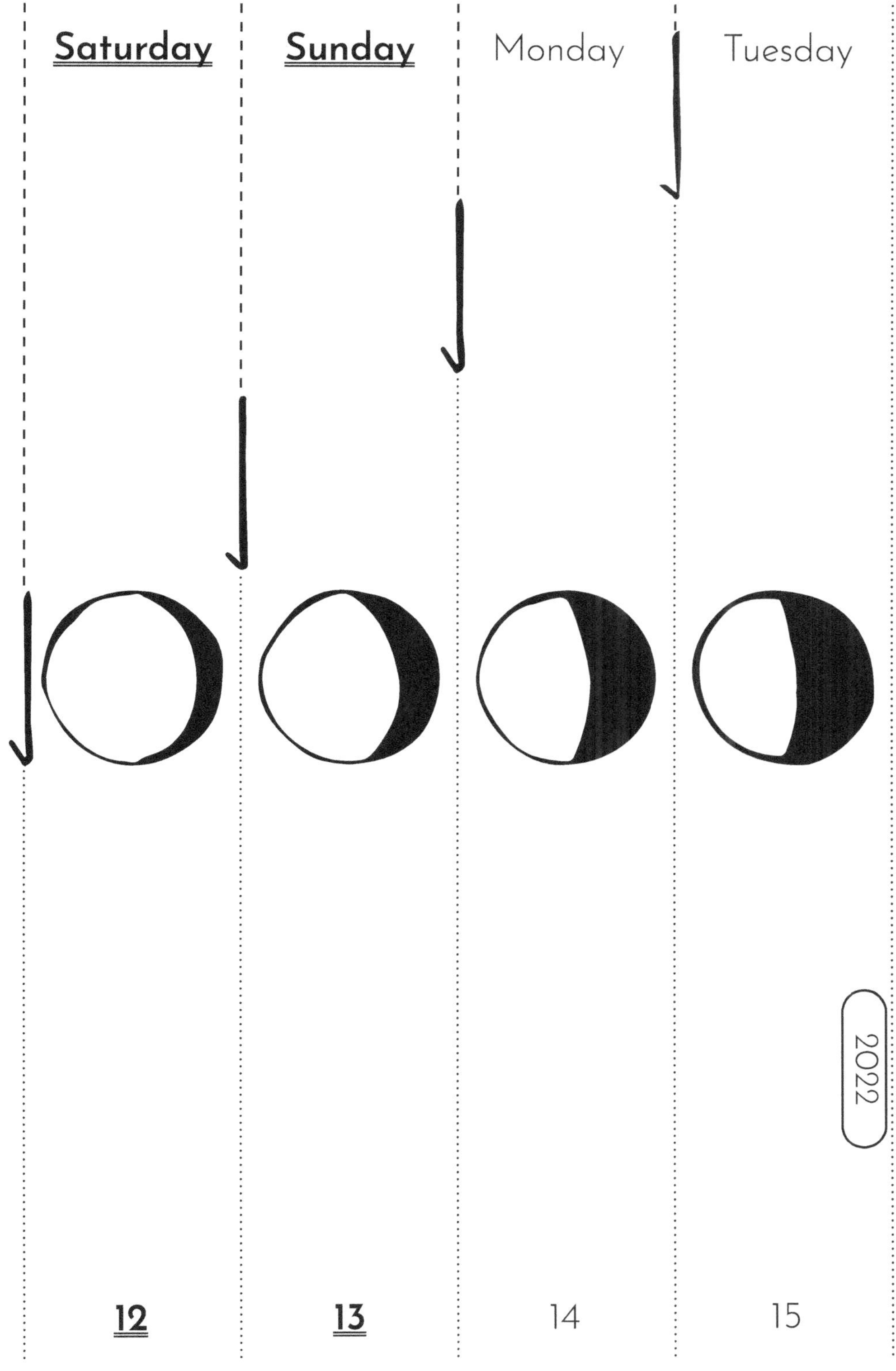

Saturday
Sunday
Monday
Tuesday
12
13
14
15
2022

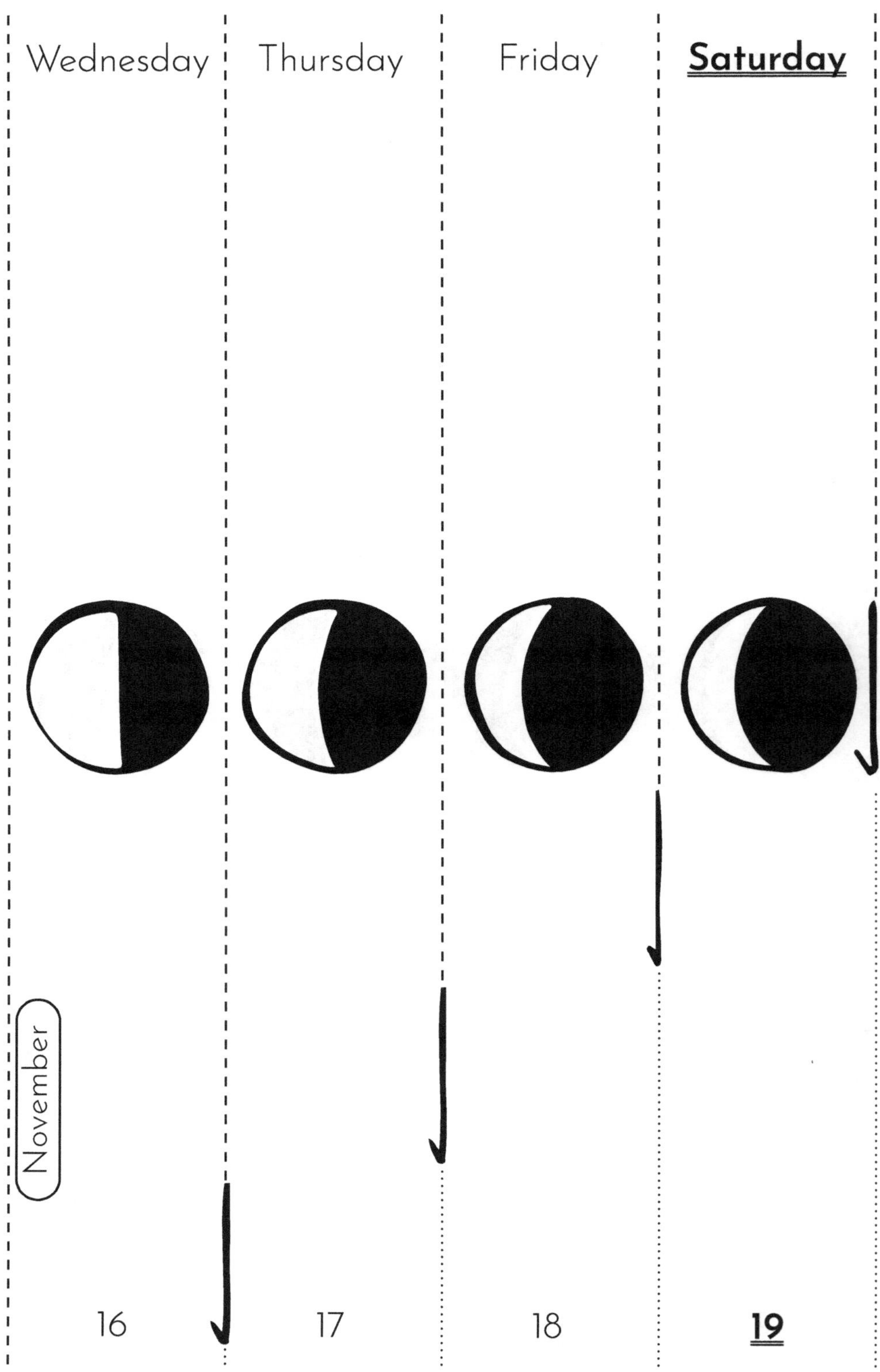

Wednesday
Thursday
Friday
Saturday
November
16
17
18
19

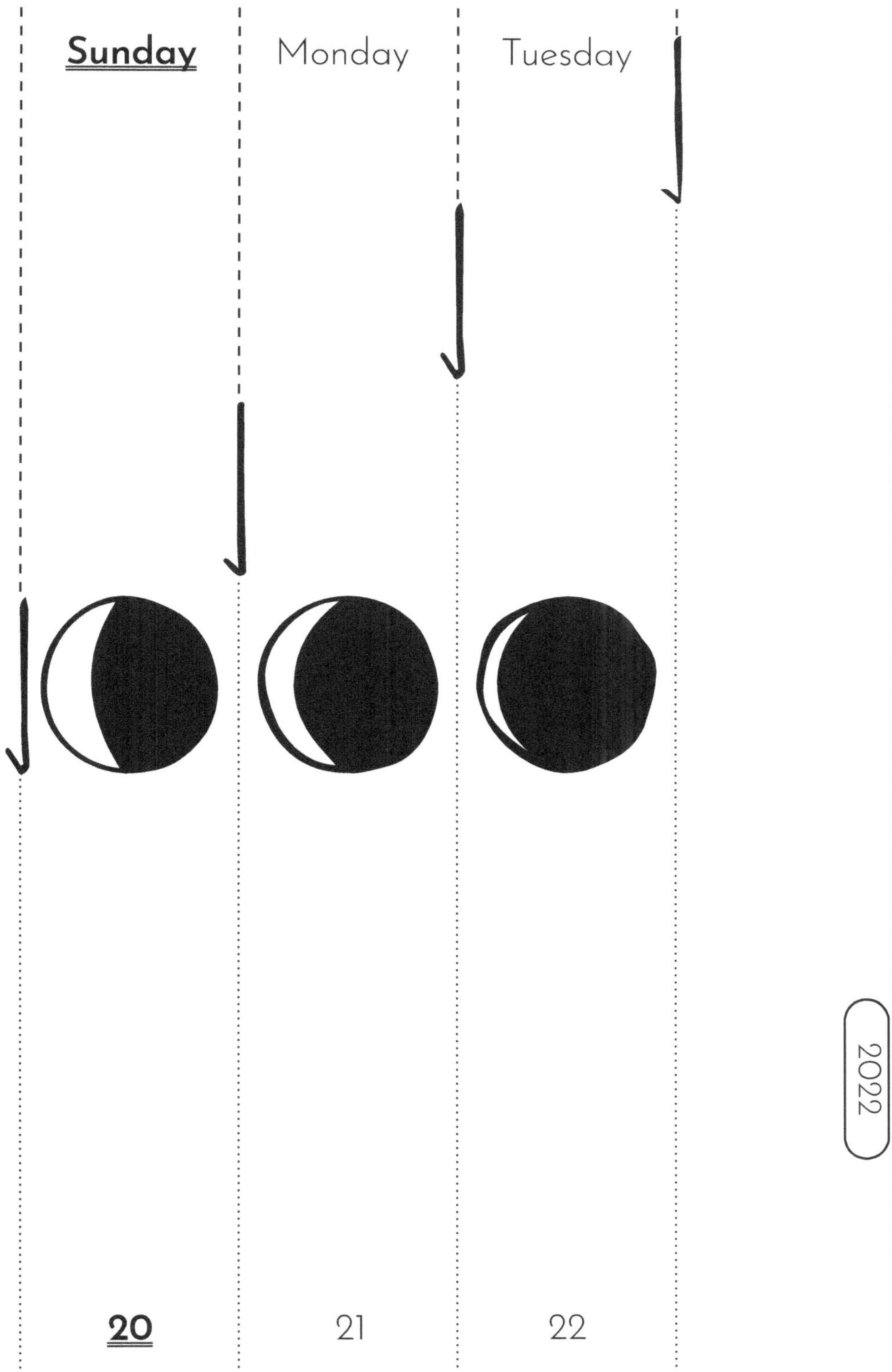

Sunday
Monday
Tuesday
20
21
22
2022

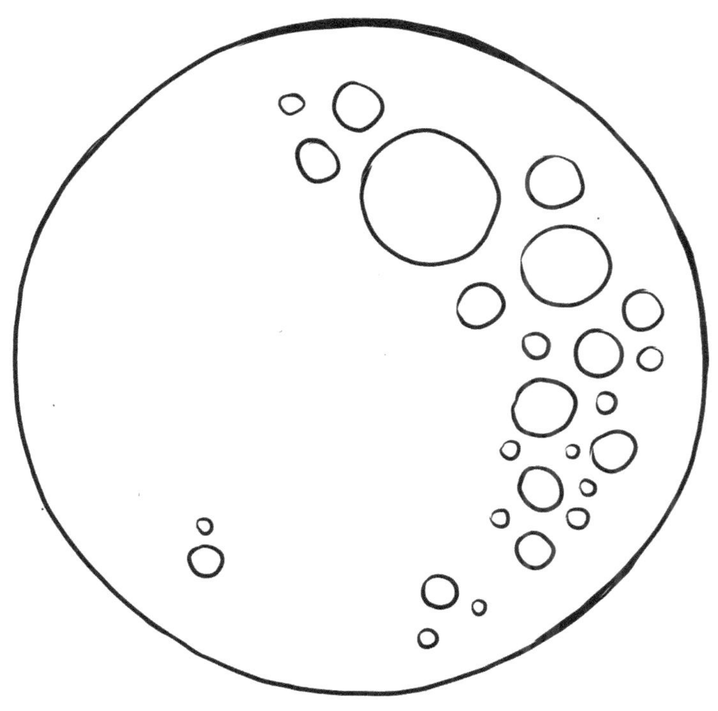

November 23-December 22

<u>Sunday</u>	Monday	Tuesday	Wednesday
			November 23
27	28	29	30
4	5	6	7
11	12	13	14
18	19	20	21

Thursday	Friday	**<u>Saturday</u>**
24	25	26
December 1	2	3
8	9	10
15	16	17
22		

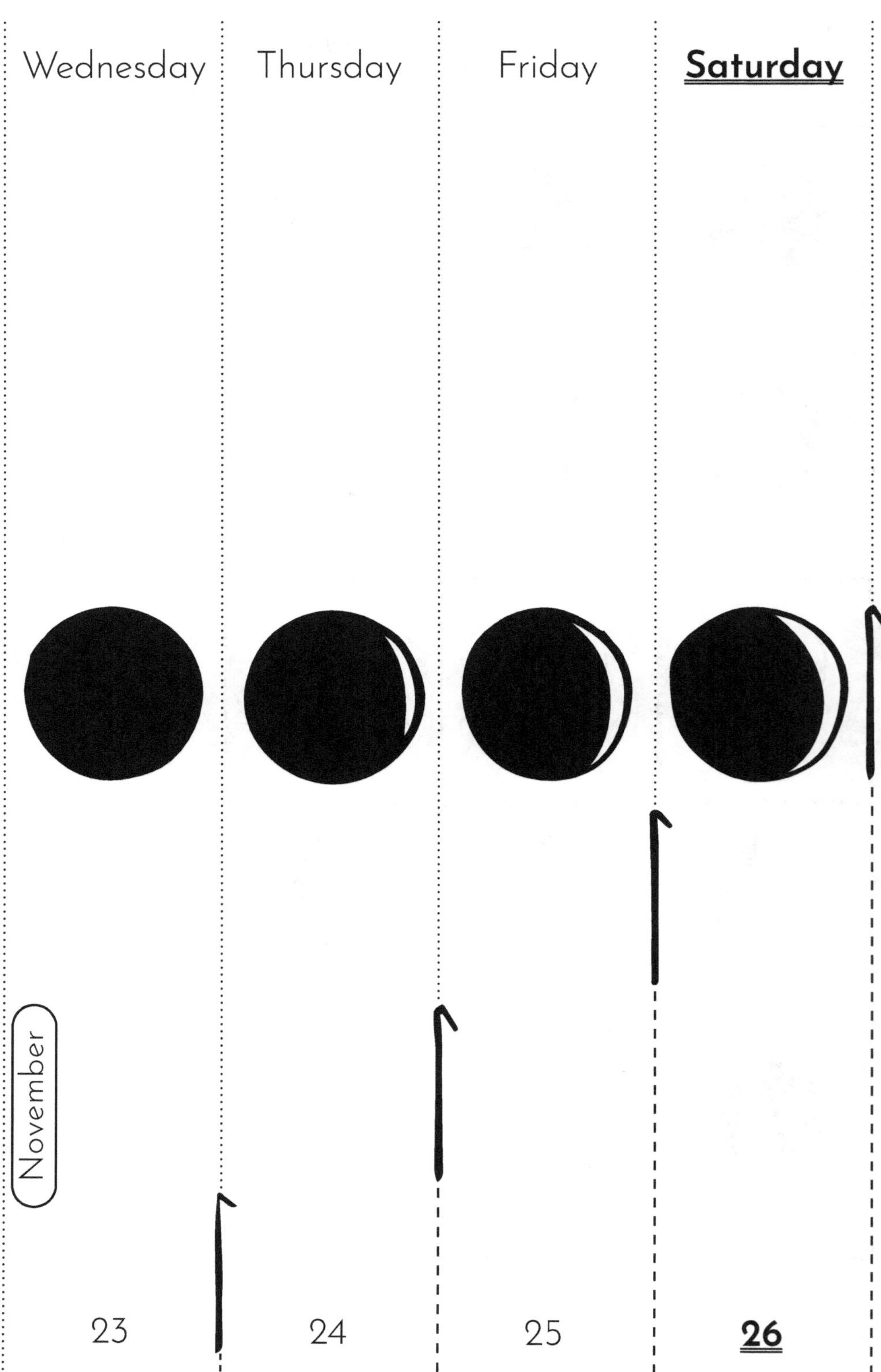

Wednesday
Thursday
Friday
Saturday
November
23
24
25
26

<u>**Sunday**</u>   Monday   Tuesday

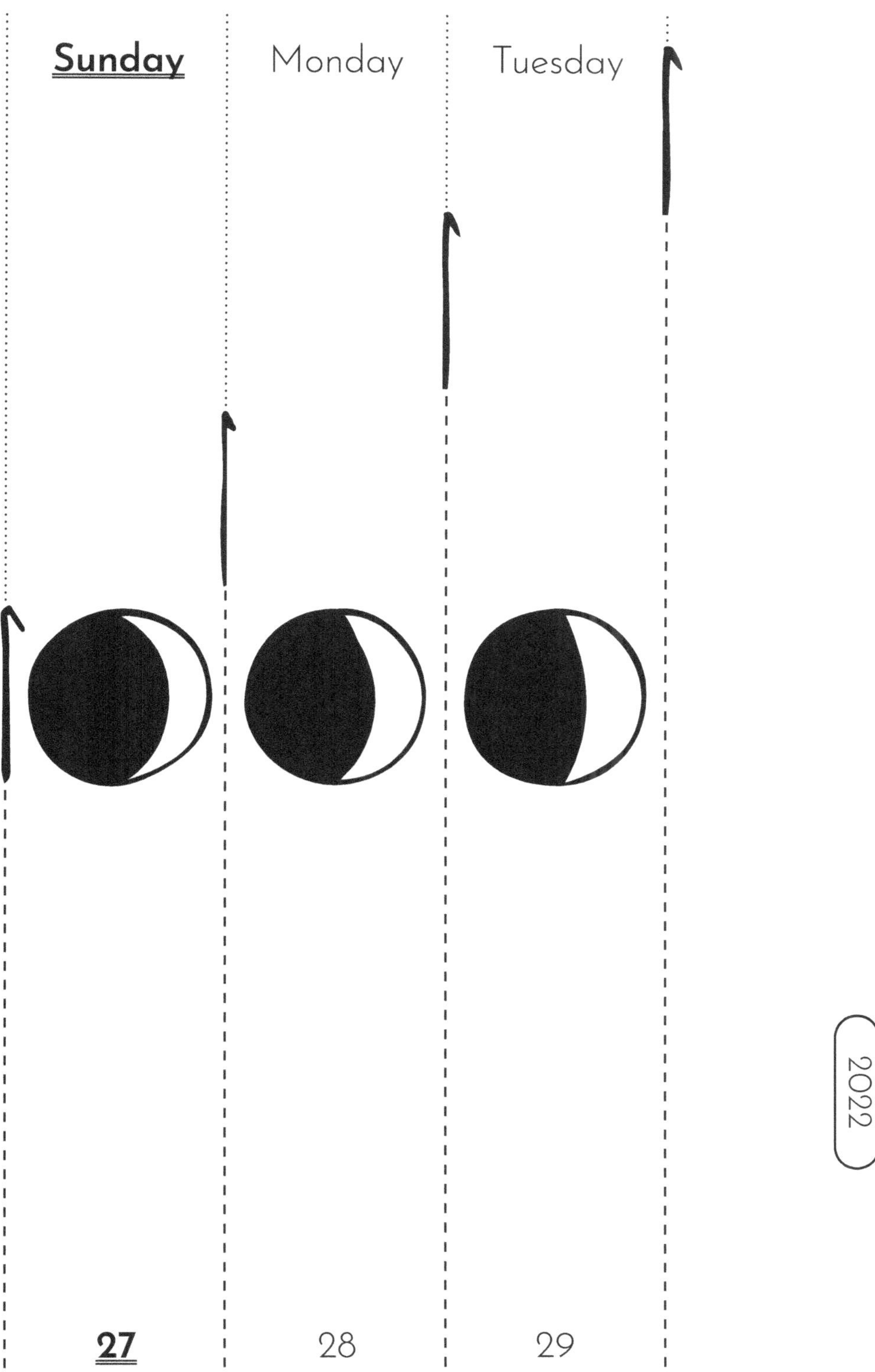

<u>**27**</u>   28   29

2022

Wednesday	Thursday	Friday	**<u>Saturday</u>**
			<u>3</u>

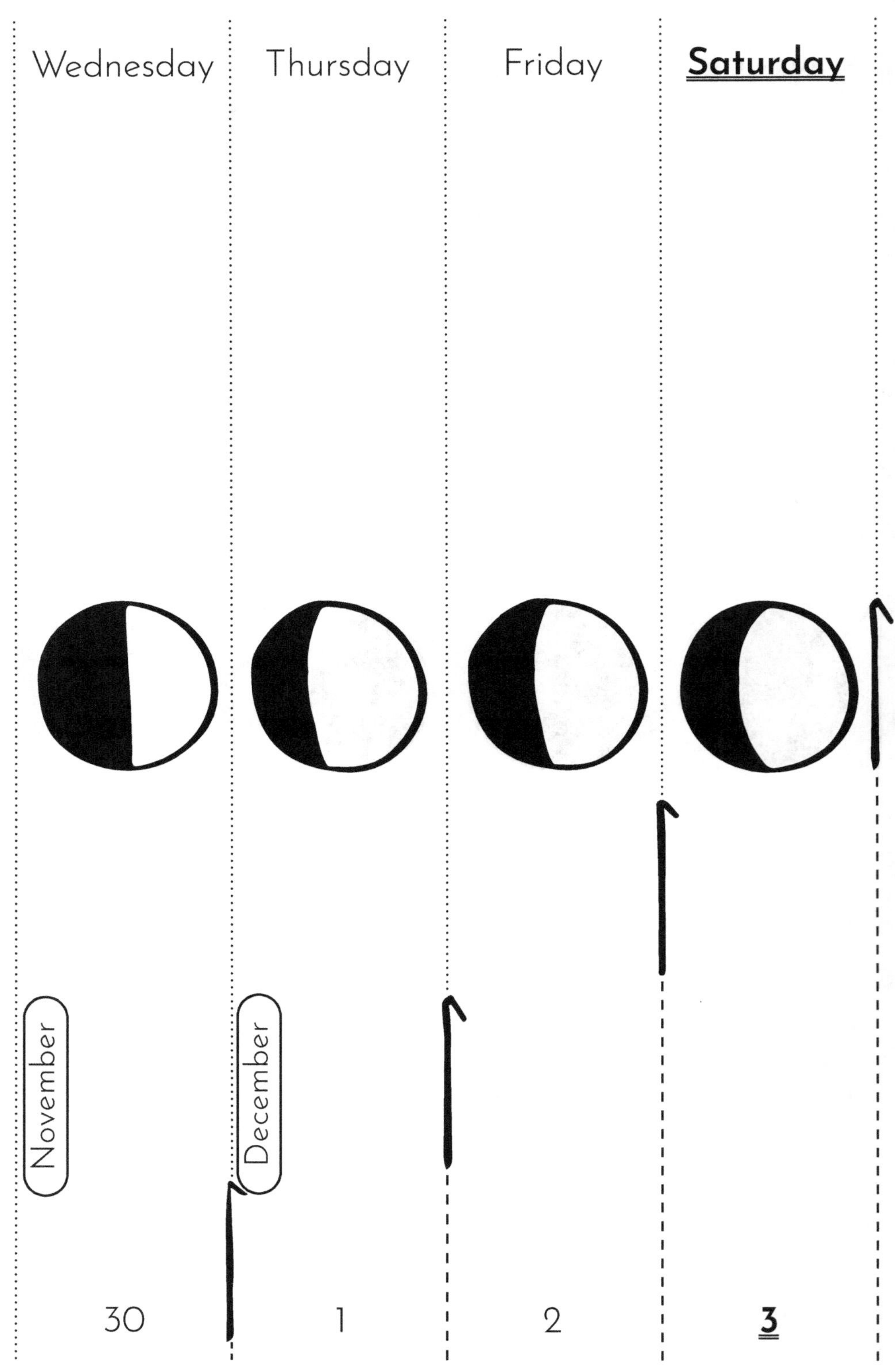

| 30 | 1 | 2 | **<u>3</u>** |

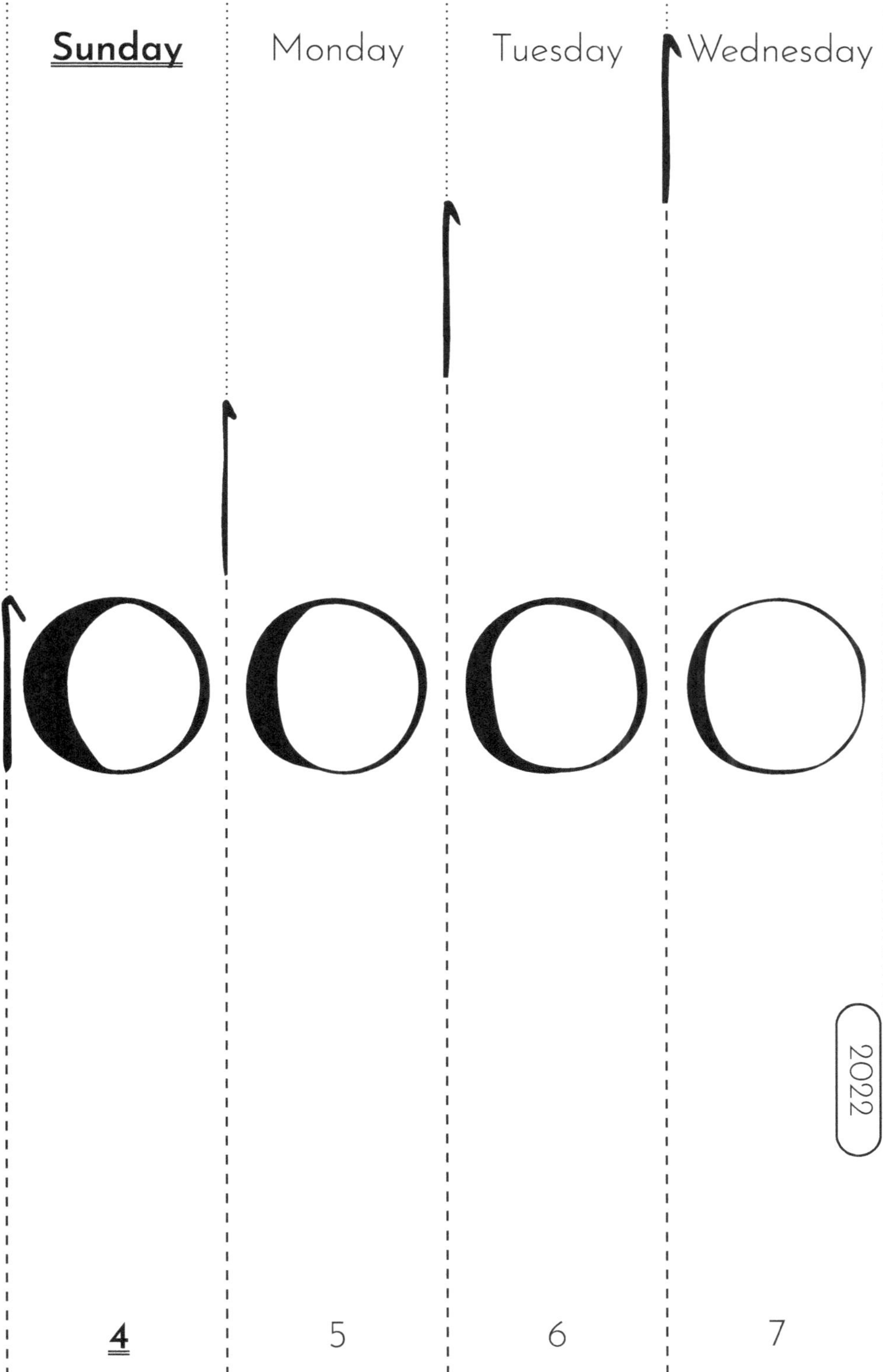

2022

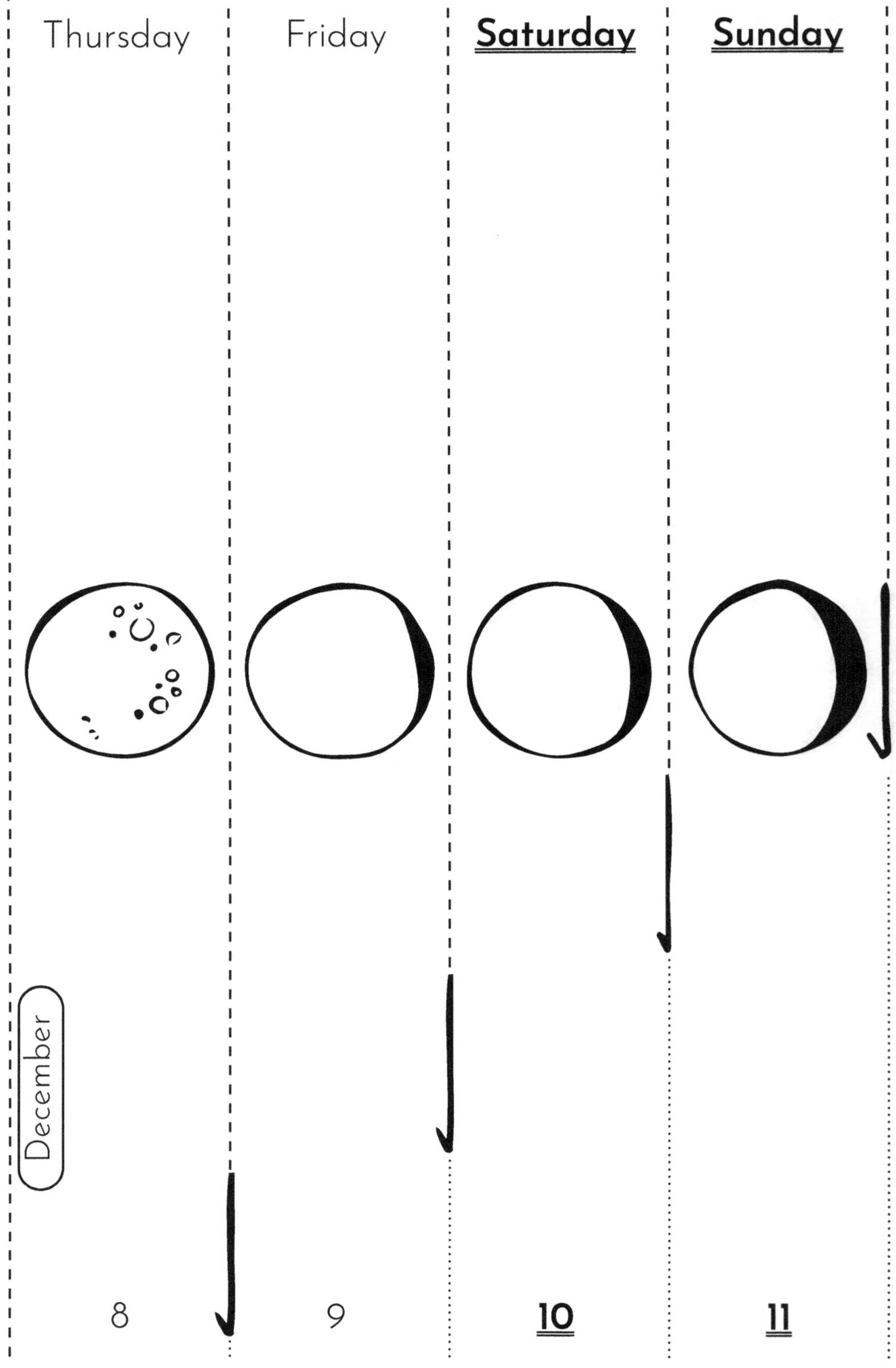

December
Thursday
8
Friday
9
Saturday
10
Sunday
11

Monday	Tuesday	Wednesday	Thursday

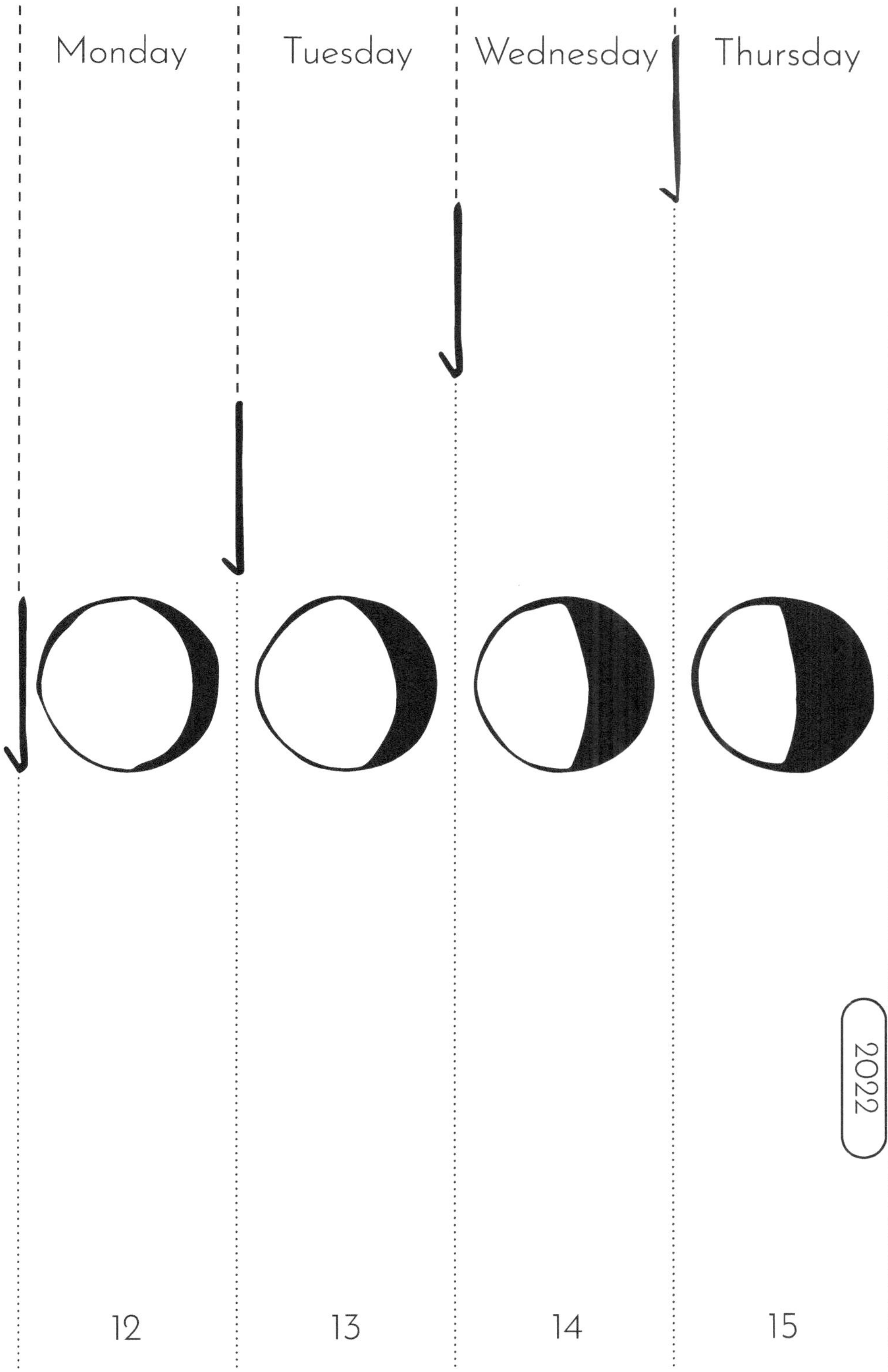

| 12 | 13 | 14 | 15 |

2022

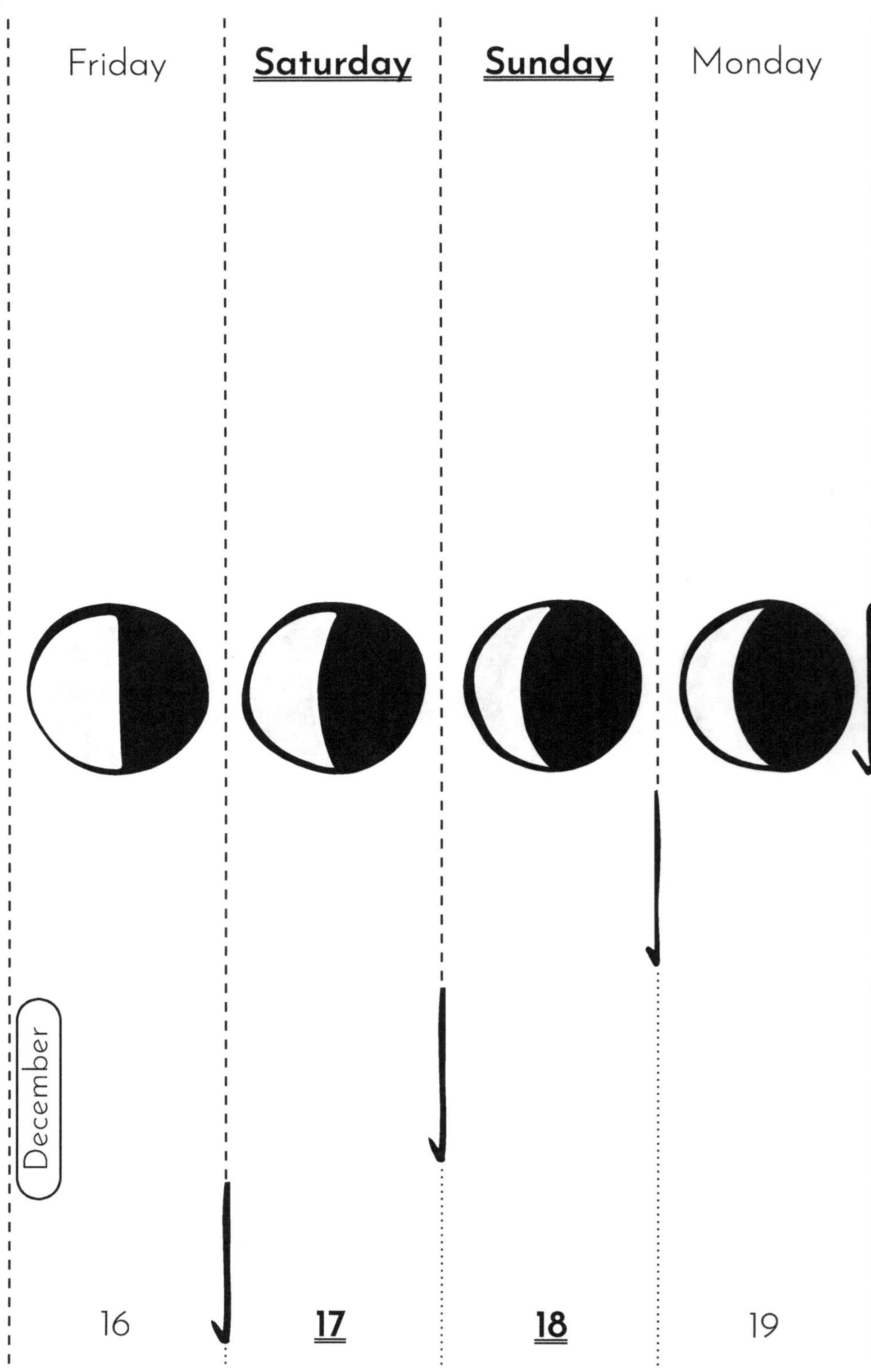

Friday
Saturday
Sunday
Monday
December
16
17
18
19

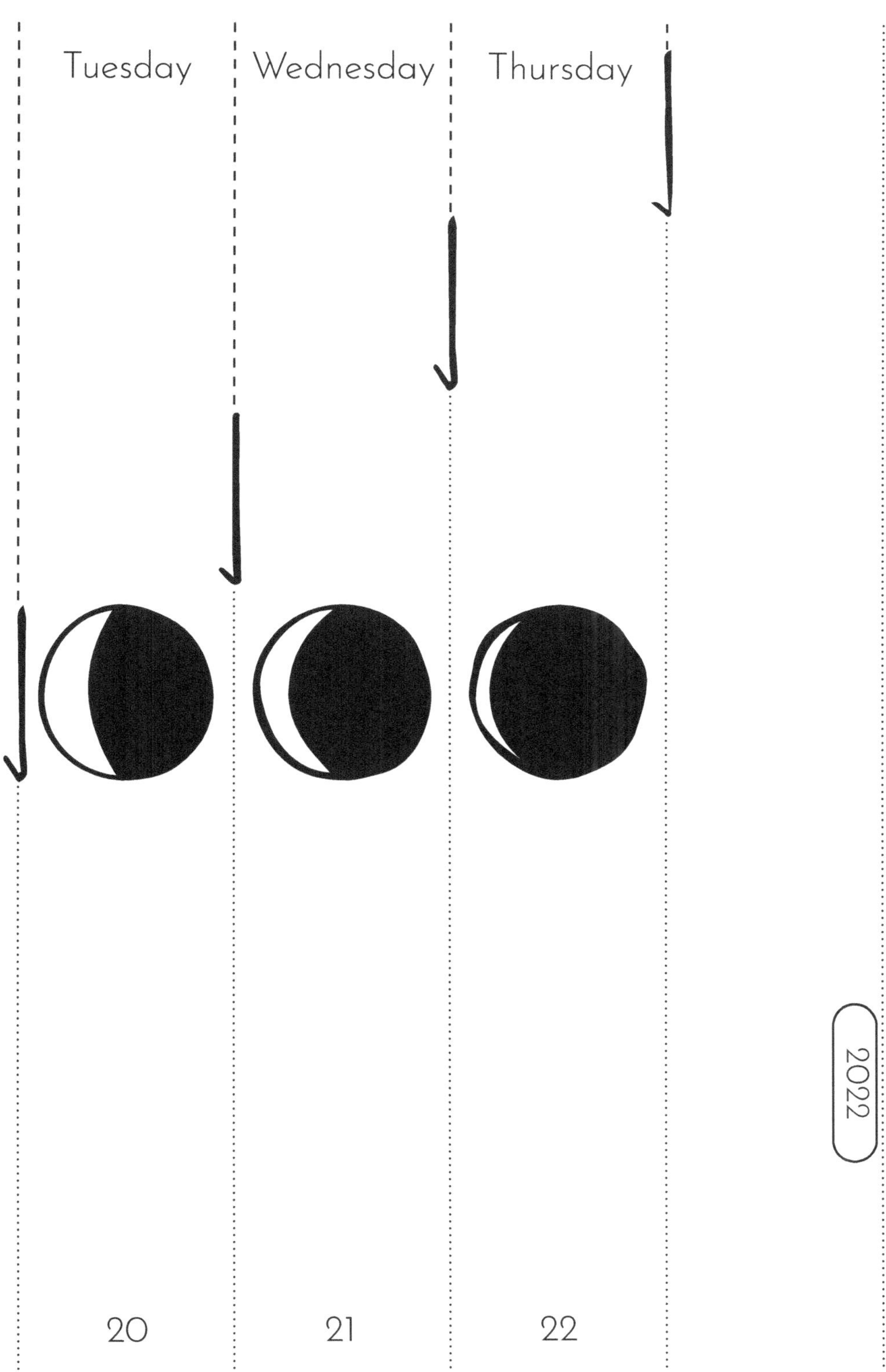

Tuesday
Wednesday
Thursday
20
21
22
2022

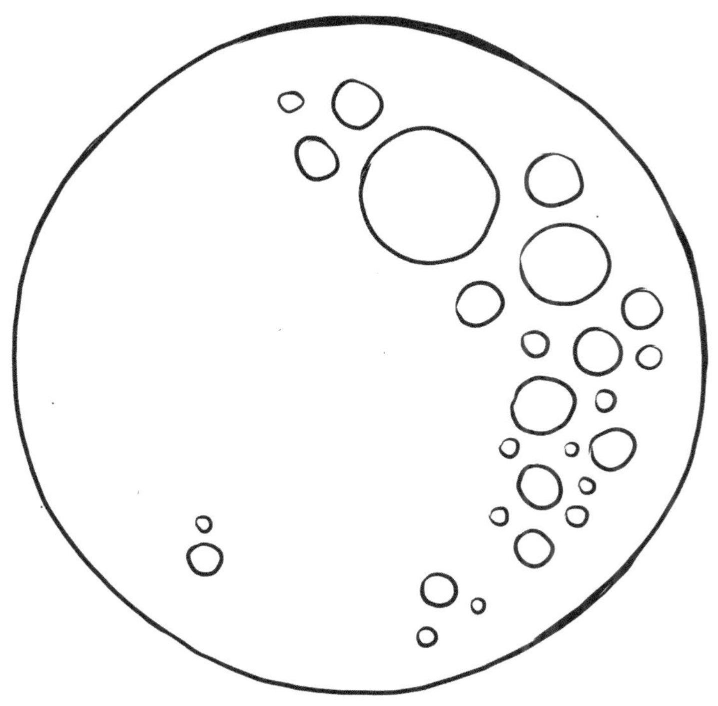

December 23-January 20, 2023

Sunday	Monday	Tuesday	Wednesday
25	 26	 27	 28
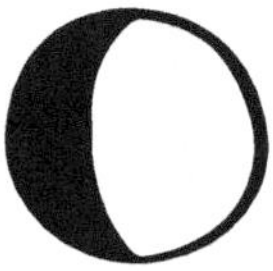 January 2023 1	 2	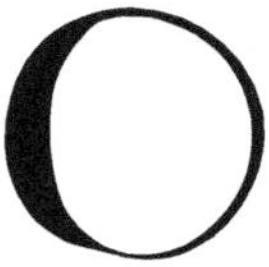 3	 4
 8	 9	 10	 11
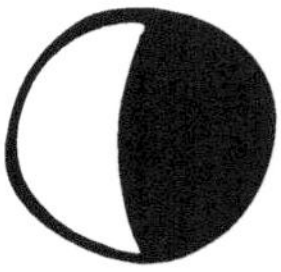 15	 16	 17	 18

Thursday	Friday	**<u>Saturday</u>**
	December 23	24
29	30	31
5	6	7
12	13	14
19	20	

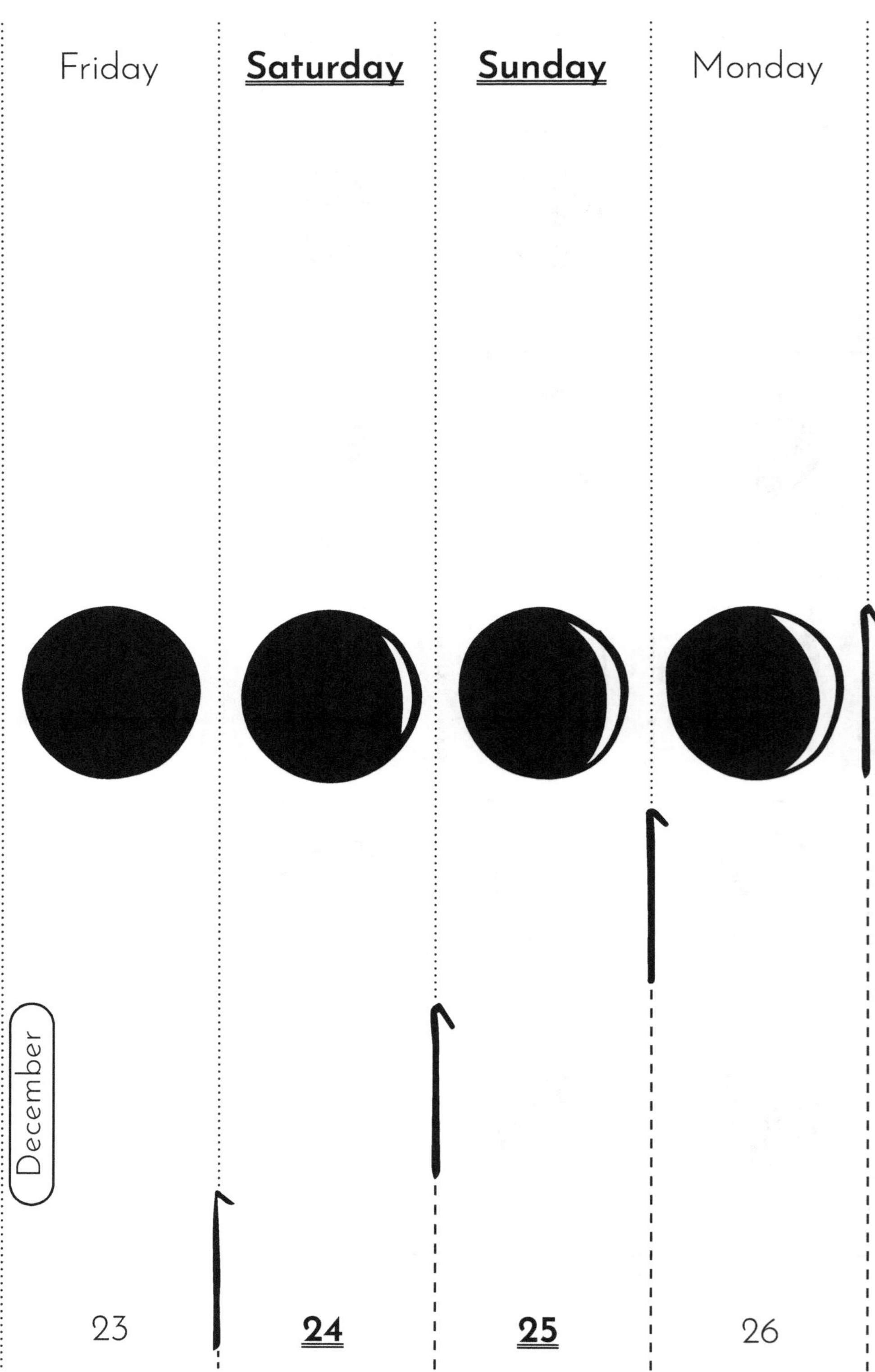

Friday
Saturday
Sunday
Monday
December
23
24
25
26

Tuesday | Wednesday | Thursday

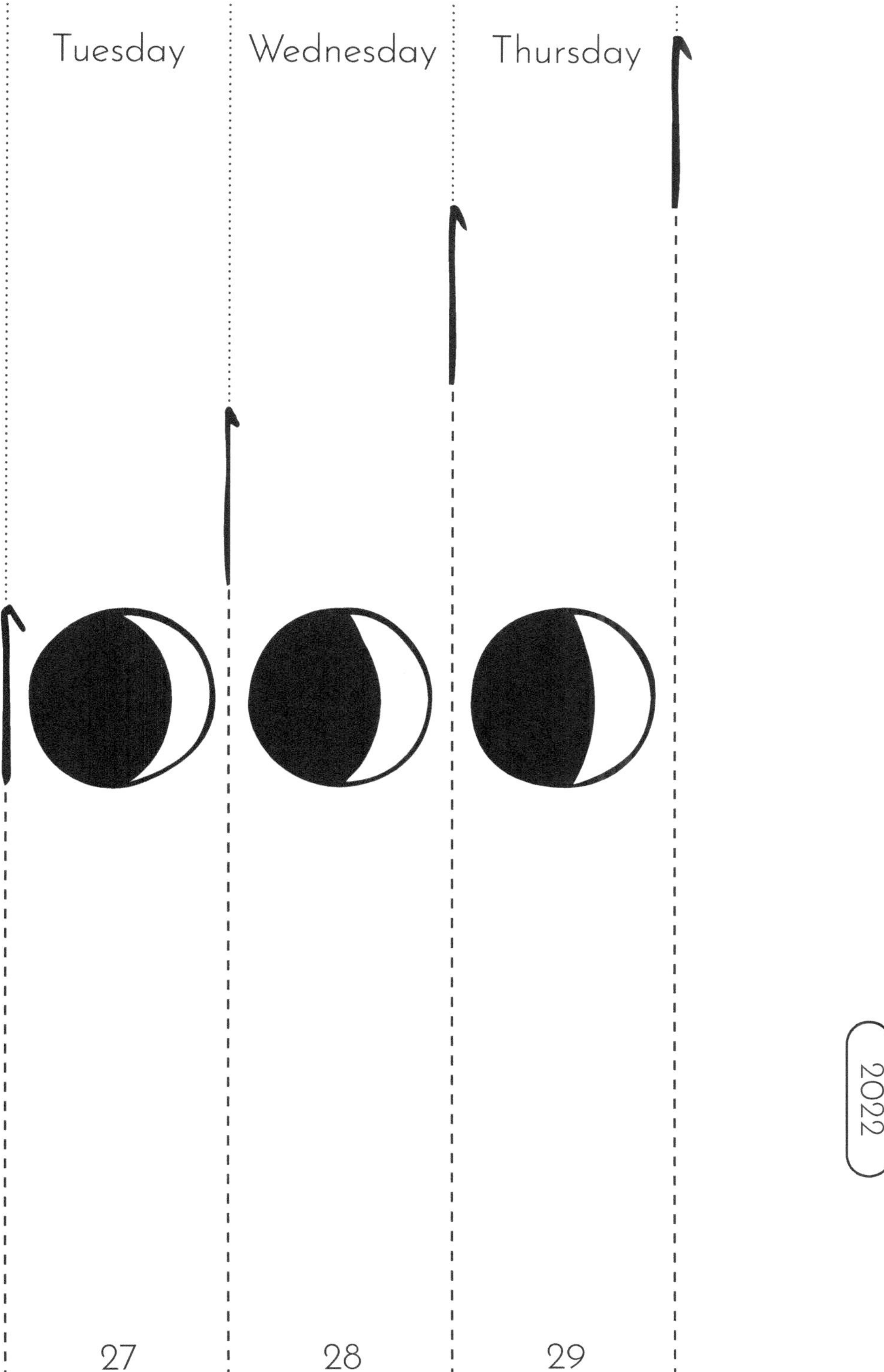

27 | 28 | 29

2022

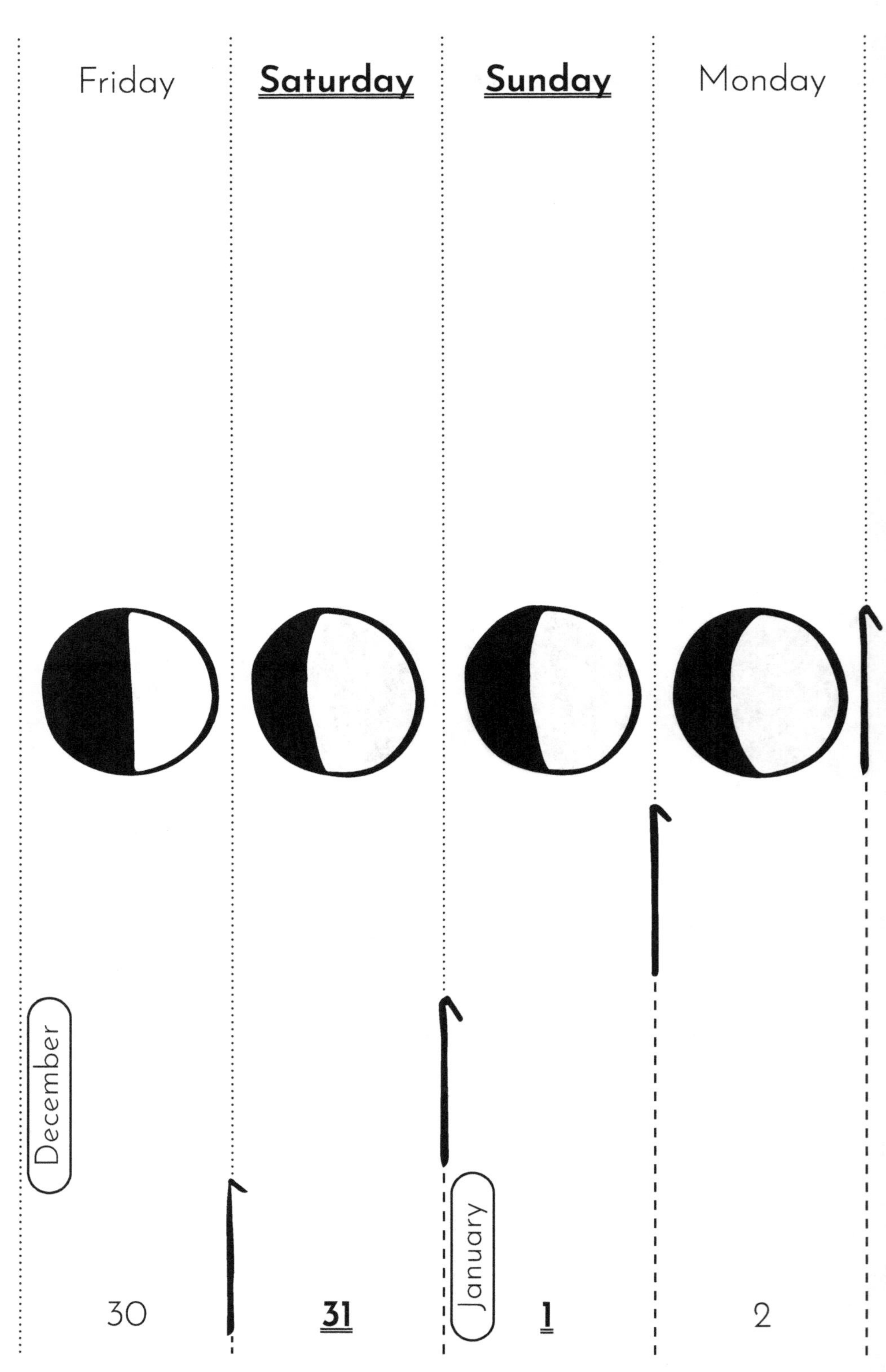

Friday
Saturday
Sunday
Monday
30
31
1
2
December
January

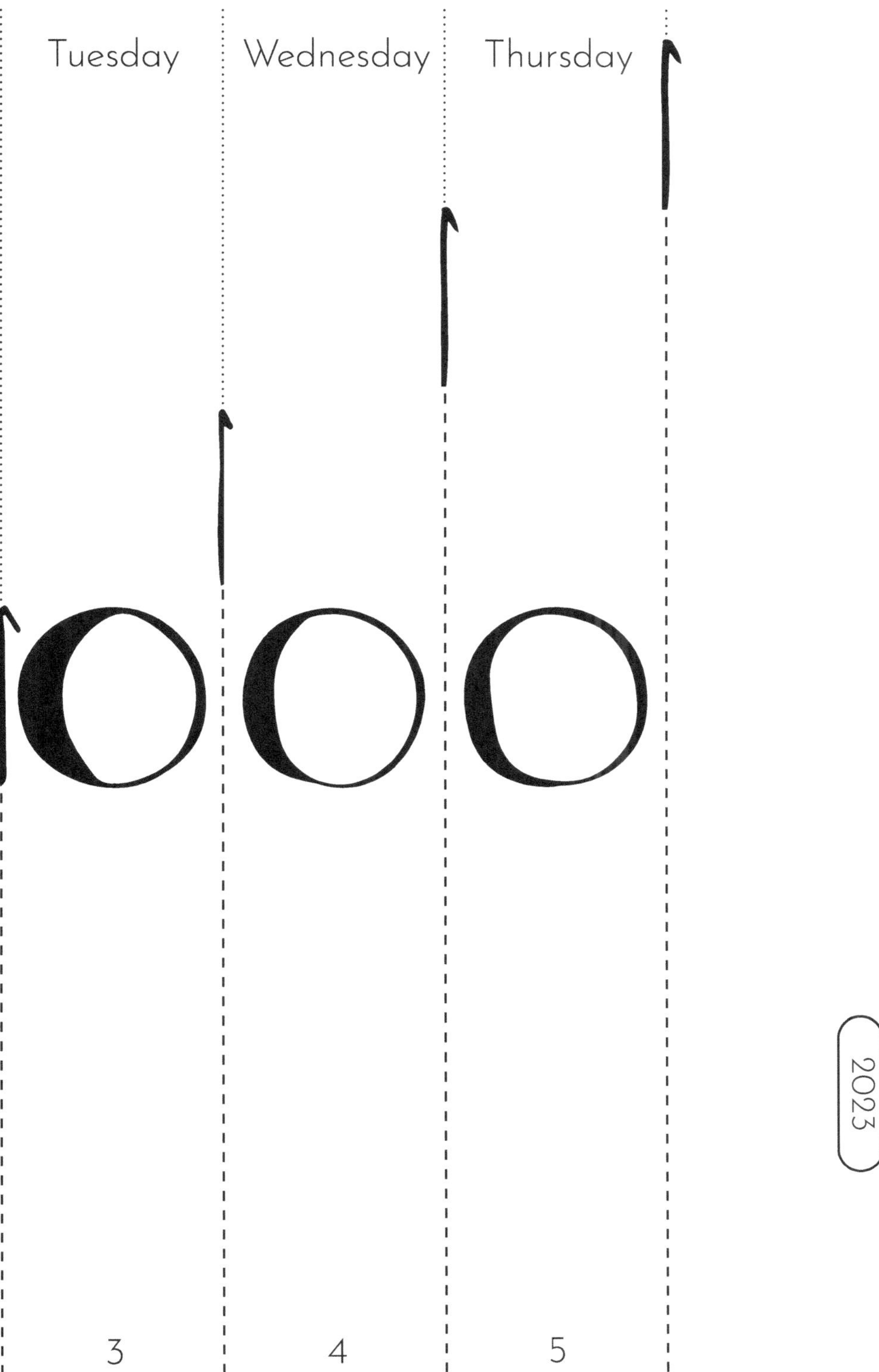

Tuesday
Wednesday
Thursday
3
4
5
2023

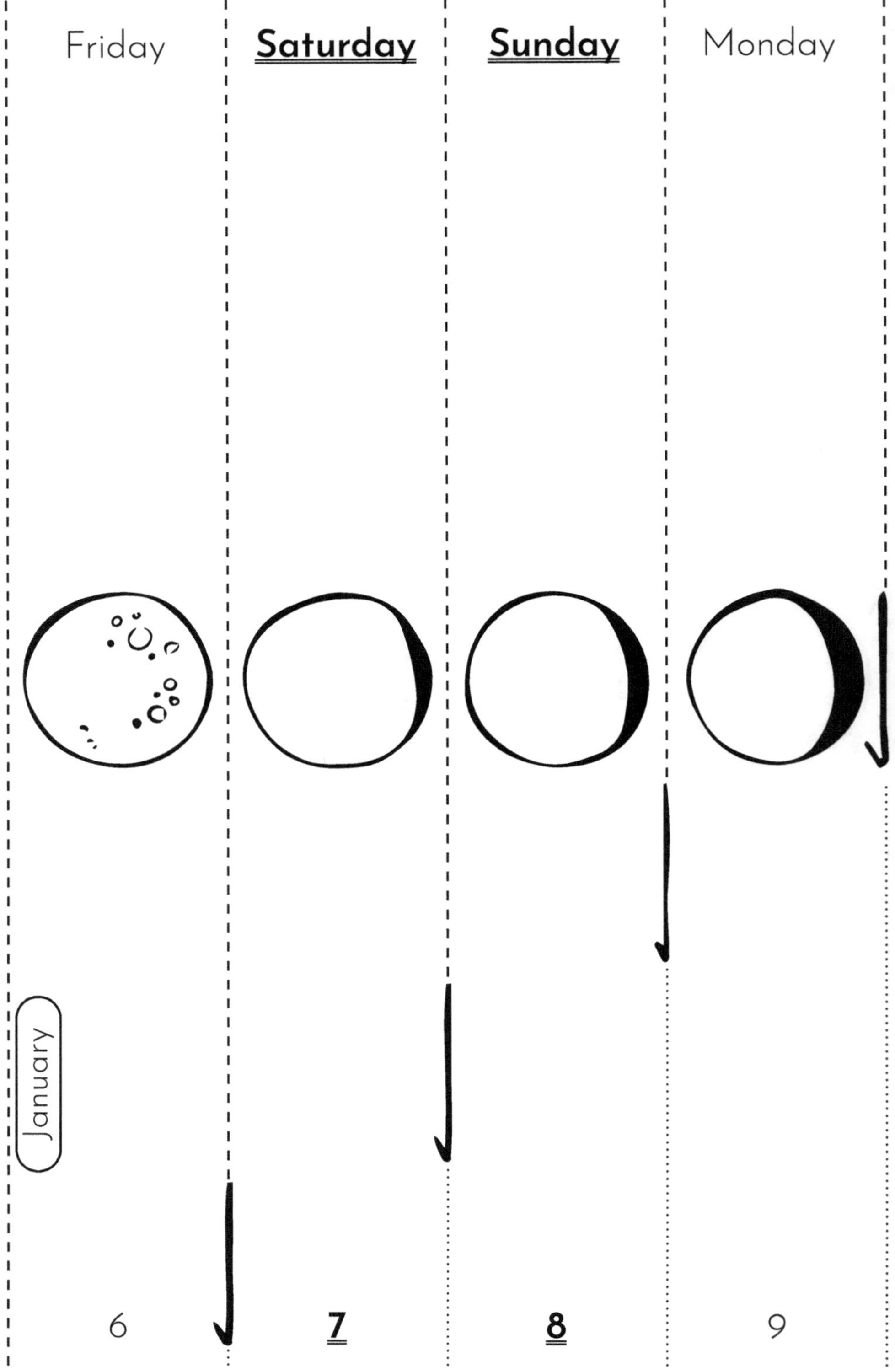

Friday
Saturday
Sunday
Monday
January
6
7
8
9

Tuesday	Wednesday	Thursday	Friday

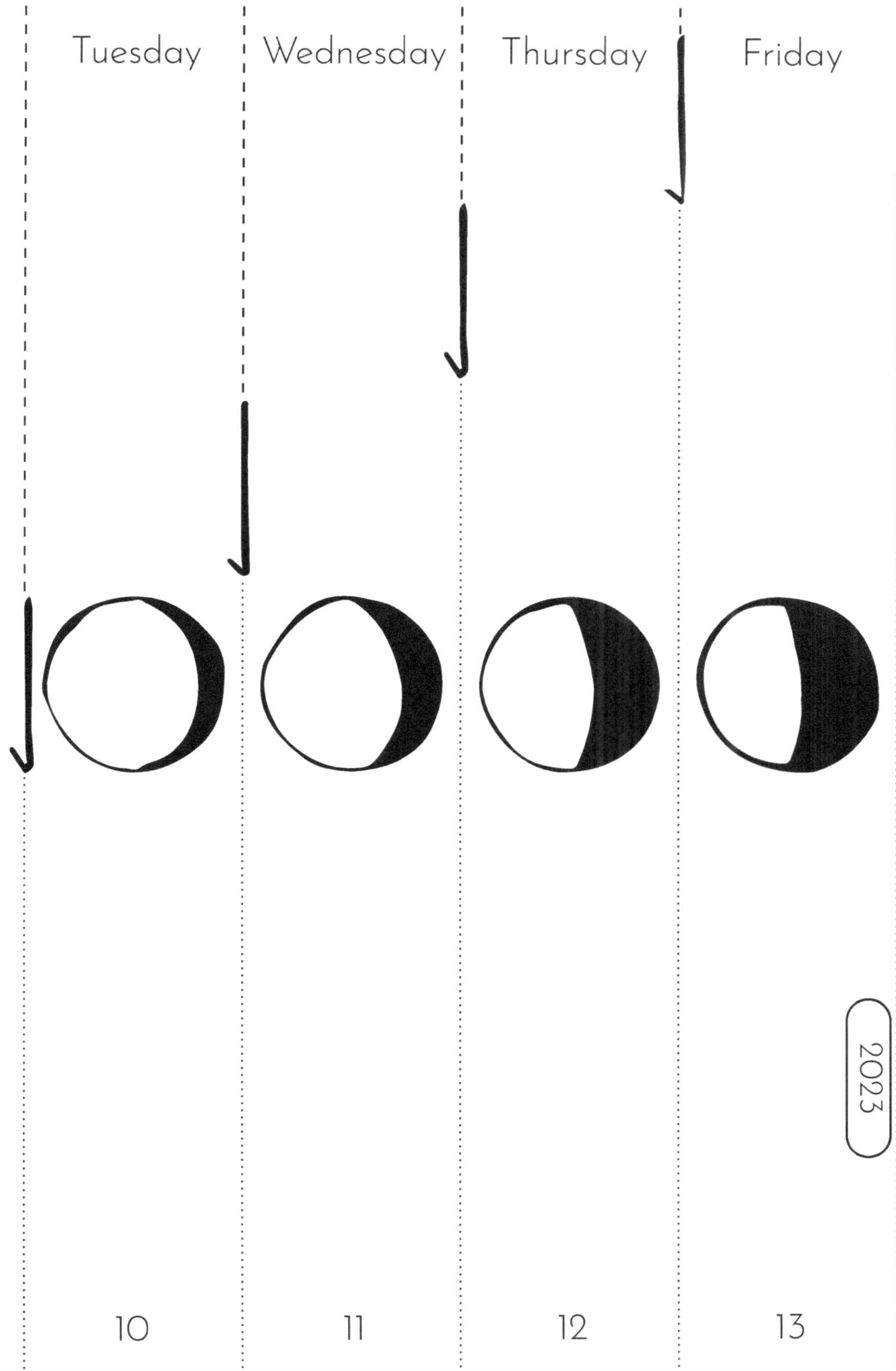

10	11	12	13

2023

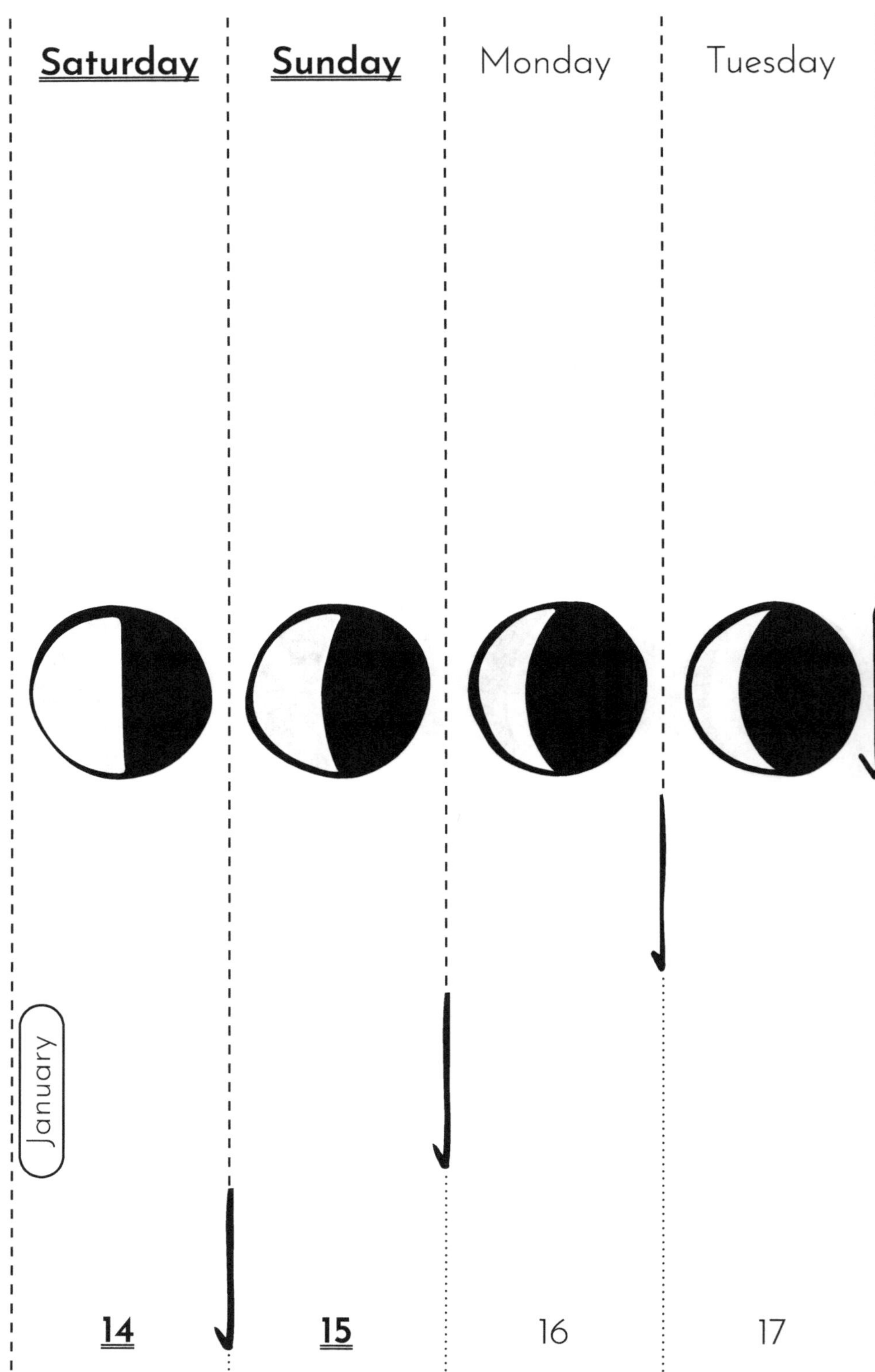

Saturday
Sunday
Monday
Tuesday
January
14
15
16
17

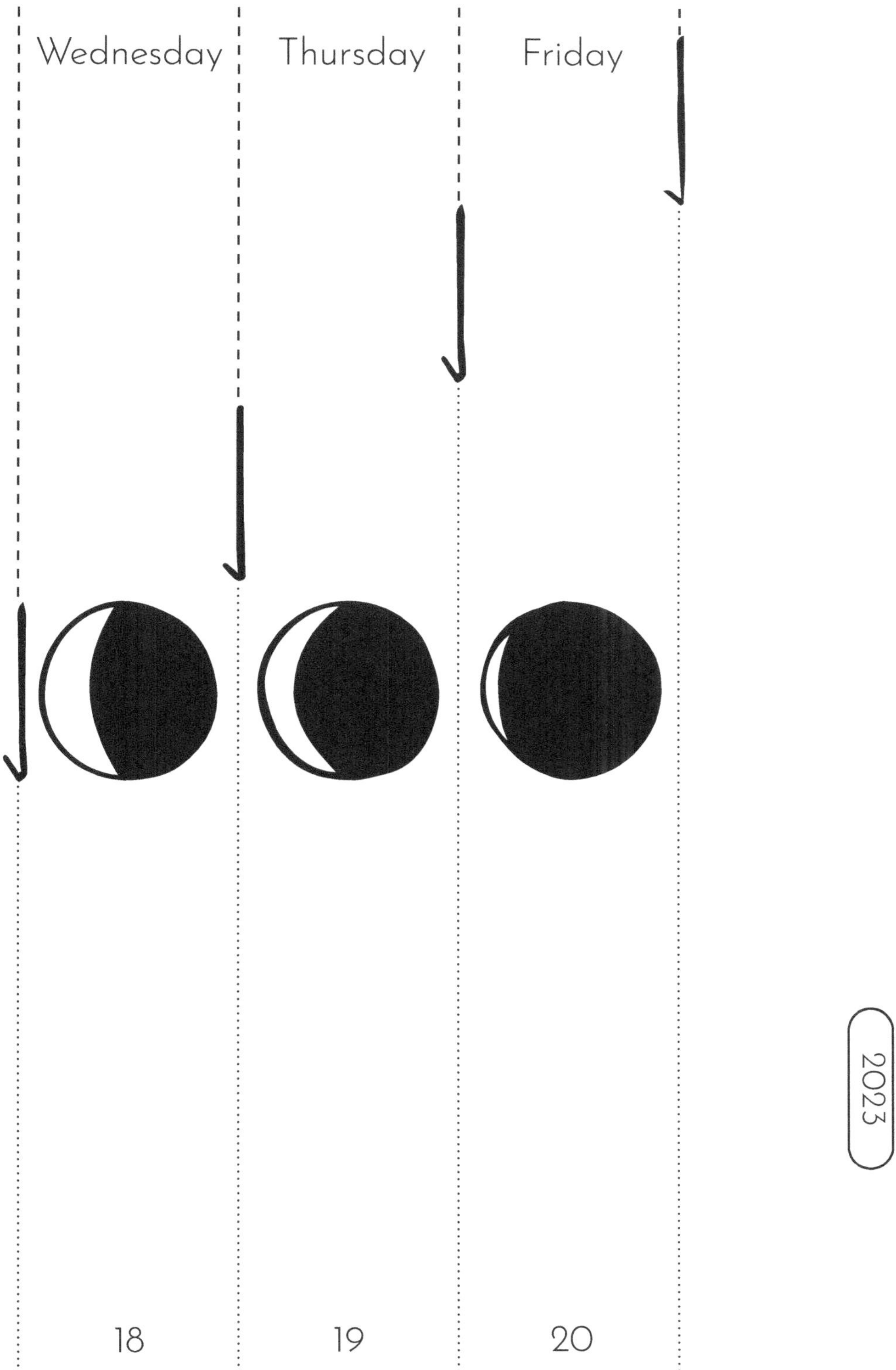

Wednesday | Thursday | Friday

18 | 19 | 20

2023

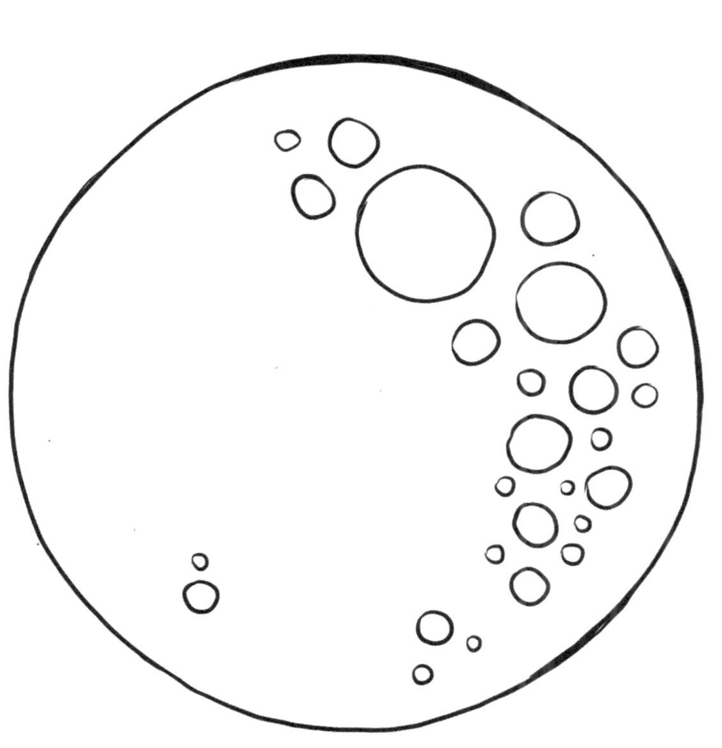

www.ingramcontent.com/pod-product-compliance
Lightning Source LLC
Chambersburg PA
CBHW051805050726
47598CB00006B/2429

9 781737 277224